智能会计信息系统构建研究

续慧泓 著

中国财经出版传媒集团
中国财政经济出版社

图书在版编目（CIP）数据

智能会计信息系统构建研究/续慧泓著． --北京：
中国财政经济出版社，2019.12
ISBN 978-7-5095-9384-4

Ⅰ.①智… Ⅱ.①续… Ⅲ.①会计信息-财务管理系统 Ⅳ.①F232

中国版本图书馆 CIP 数据核字（2019）第 243866 号

责任编辑：葛　新　　　　　　责任校对：张　凡
封面设计：孙俪铭

中国财政经济出版社 出版

URL：http：//www.cfeph.cn

E-mail：cfeph@cfeph.cn

（版权所有　翻印必究）

社址：北京市海淀区阜成路甲 28 号　邮政编码：100142
营销中心电话：010-88191537　编辑部门电话：010-88190640
北京时捷印刷有限公司印刷　各地新华书店经销
787×1092 毫米　16 开　12.25 印张　190 000 字
2019 年 12 月第 1 版　2019 年 12 月北京第 1 次印刷
定价：45.00 元
ISBN 978-7-5095-9384-4
（图书出现印装问题，本社负责调换）
本社质量投诉电话：010-88190744
打击盗版举报热线：010-88191661　QQ：2242791300

前言

在以"大智移云物"为代表的新 IT 浪潮的冲击下，为应对复杂而不确定的竞争环境，企业需要更为灵活、敏捷的信息系统以支持管理环境的变革。作为企业信息系统核心组件之一的会计信息系统正面临着来自于企业管理环境和会计学科专业领域发展带来的双重压力，面向功能应用的会计信息系统显然已无法适应现代企业管理的需求。智能化技术作为新兴信息系统构建的技术基础之一，凭借其在流程管理、智能优化、灵活配置、资源协同等方面的优势，迅速成为会计信息系统领域的研究热点。借助于智能化方法研究会计信息系统成为构建未来会计信息系统的途径之一。

本书的研究内容主要包括以下五个方面：

（1）IT 技术发展对会计的影响：以中国会计信息化发展历程为参照，以 IT 技术发展的三次浪潮为背景，分析了在不同信息化环境下，其对会计理论和实践带来的影响，分析了智能化会计信息系统构建的背景。本书认为信息化环境的日趋成熟使会计学科的发展和信息化进程融为一体，二者相辅相成，共同推动会计理论和实务的发展。

（2）会计信息系统构建模型的比较研究：从会计信息系统构建方法角度分析，会计信息系统在其发展历程中采用了不同的概念模型，主要有 DCA 模型、事项会计模型、数据库会计模型和 REA 会计模型等。本书通过对上述构建模型的比较分析，发现它们各自的优缺点和适用范围，并试图借助于 REA 模型和过程模型构建智能会计信息系统。

（3）智能会计信息系统构建研究：在分析智能会计信息系统基本特征的基础上，论证了借助于智能技术实现会计信息系统重构的必要性和可行性，并进一步提出了智能会计信息系统的逻辑框架、实现路径和技术方法等。

(4) 智能会计信息系统关键流程构建：围绕会计关键业务流程，构建了智能会计信息系统的关键业务流程模型。包括会计报告流程模型、内部控制流程模型、会计决策流程模型和会计协同流程模型，并对流程模型的持续优化进行论述。

(5) 智能会计信息系统的实现：智能会计信息系统的实现将摆脱传统的"系统开发—系统应用—系统维护"的路径，而更多的是以现代信息技术为依托的"竞合"+"平台"方式实现。会计信息系统的应用也将突破传统企业会计的边界，而逐步转化为社会化应用和管理的过程。

毫无疑问，智能化是信息技术发展的趋势，也是会计信息化发展的必由之路，关于智能会计信息系统的研究与实践尚处于起步阶段，还有许多未知的领域需要不断探索。

续慧泓

2019 年 10 月于山西财经大学

目 录

第1章 绪 论 …………………………………………………（ 1 ）
    1.1 研究背景 …………………………………………（ 1 ）
    1.2 研究定位及内容 …………………………………（ 6 ）
    1.3 研究意义 …………………………………………（ 7 ）
    1.4 研究思路、方法和章节安排 ……………………（ 9 ）
    1.5 创新点及不足 ……………………………………（ 12 ）
    1.6 小结 ………………………………………………（ 14 ）

第2章 理论基础与文献综述 ………………………………（ 15 ）
    2.1 理论基础 …………………………………………（ 15 ）
    2.2 文献综述 …………………………………………（ 27 ）
    2.3 小结 ………………………………………………（ 39 ）

第3章 IT技术对会计的影响 ………………………………（ 40 ）
    3.1 会计信息系统的发展 ……………………………（ 40 ）
    3.2 IT技术对会计实务的影响 ………………………（ 45 ）
    3.3 IT技术对会计理论的影响 ………………………（ 54 ）
    3.4 IT环境下会计发展的趋势 ………………………（ 58 ）
    3.5 小结 ………………………………………………（ 61 ）

第4章 智能会计信息系统体系结构设计 …………………（ 62 ）
    4.1 智能会计信息系统的提出 ………………………（ 62 ）
    4.2 智能会计信息系统结构分析 ……………………（ 67 ）
    4.3 智能会计信息系统的应用模式 …………………（ 82 ）
    4.4 智能会计信息系统的开发模式 …………………（ 87 ）

  4.5 小结 …………………………………………………（92）

第5章 智能会计信息系统总体功能需求设计 ………（93）
  5.1 基于不同构建方法的会计信息系统比较 ………（93）
  5.2 智能会计信息系统功能需求分析 ………………（103）
  5.3 智能会计信息系统性能需求分析 ………………（107）
  5.4 智能会计信息系统的可行性分析 ………………（109）
  5.5 小结 …………………………………………………（110）

第6章 智能会计信息系统核心流程设计 ………………（112）
  6.1 智能会计信息系统业务流程设计原则、方法
     与诊断指标 ………………………………………（112）
  6.2 会计报告流程模型构建 …………………………（118）
  6.3 内部控制流程模型构建 …………………………（128）
  6.4 会计决策流程 ……………………………………（142）
  6.5 会计协同流程模型构建 …………………………（148）
  6.6 小结 …………………………………………………（153）

第7章 智能会计信息系统的流程优化 ………………（155）
  7.1 流程优化概述 ……………………………………（156）
  7.2 过程挖掘的 α 算法 ………………………………（160）
  7.3 利用过程挖掘对会计业务流程的优化 ………（163）
  7.4 小结 …………………………………………………（169）

第8章 研究结论与展望 ………………………………………（170）
  8.1 研究结论 …………………………………………（170）
  8.2 研究展望 …………………………………………（172）

参考文献 ………………………………………………………………（174）

后 记 …………………………………………………………（188）

绪 论

1.1 研究背景

进入 21 世纪以来,信息化的浪潮正以前所未有的广度和深度影响着社会的各个领域,会计信息化作为企业信息化的重要组成部分,始终活跃在信息化浪潮的前端。会计信息化的发展历程就是信息技术与会计学科相互交融、相互促进的历史。如何设计、开发适应企业管理环境,符合信息技术发展潮流,反映会计专业领域知识的会计信息系统[①]成为会计信息化发展中的关键问题。

1.1.1 企业管理环境对会计信息系统的挑战

进入新世纪以来,企业管理理念正发生着悄然的变化,企业从关注盈利向关注客户终身价值转变,从关注股东利益最大化向追求企业价值最大化转变,从关注企业自身管理创新向追求价值链优化协同转变,从提供大批量标准化产品向满足客户个性化需求转变。企业的管理环境正

---

① 本书所指的会计信息系统,在没有特别说明的情况下,一般指基于 IT 技术环境下的会计信息系统,即狭义的会计信息系统,下同。

逐渐从工业化向信息化过渡，传统的以"科层制"为主导，以"固定功能模块"为基本形态的会计信息系统已无法适应企业瞬息万变的业务流程和管理需求。会计信息系统不仅仅是一个信息采集、加工、展现的工具，更是一个具有沟通、协调、控制、反馈、决策能力的控制系统，必须适应企业业务流程的柔性需求和持续优化，满足企业战略管理、风险控制的需要，同时也需要具备协同不同地域、不同资源、不同企业的能力，以适应互联网环境下的竞争。

1.1.2　会计学科发展对会计信息系统的挑战

会计学科①专业知识是构建会计信息系统的理论基础。一方面，会计学科的最新发展对会计信息系统的构建提出了新的要求；另一方面，信息技术在会计信息系统中的应用不断充实和丰富着会计专业知识。从会计视角出发，目前会计信息系统面临的挑战主要表现在：

1. 会计信息系统不能有效满足信息使用者的信息需求

按照系统论的观点，通常把系统定义为"由若干要素以一定结构形式联结而成的具有某种功能的有机整体"②。系统服务于特定目标，并具有一定的结构组织。会计信息系统的构建显然应该服从于会计目标的实现。会计目标在于为经济（经营）决策和评价受托责任履行状况提供决策有用的信息，并进一步通过理性人根据信息做出的判断和决策促进经济资源的优化配置。企业是"一系列契约的连接"③，契约的参与者包括投资者、债权人、经营者、员工、政府有关机构、消费者、供应商、社会公众、群众团体、所在社区等利益相关者。会计的目标在于为企业这一契约集合体的各种契约的签订与执行提供基础性数据，成为企业契约的重要组成部分，以降低契约成本。因此，会计信息系统应该成为联系企业相关利益者的载体和共享化平台，并通过信息的传递，消除信息发出者与接受者之间的知识差，相应地会计信息系统的应用边界

---

① 本书所指的会计学科包括通常所说的财务会计和管理会计两大分支。
② 系统论的定义详见本书第 2 章，理论基础与文献综述。
③ "企业是一系列契约的连接"的表述最早见于科斯 1937 年发表的《企业的本质》，该文讨论了企业存在的原因及其扩展规模的界限问题，认为企业是一组契约关系的集合，其目的是为了降低交易成本。

也逐步超出企业的范畴[①]。但是，现行的会计信息系统并没有充分考虑信息需求者的多样性，只是按照既定的会计工作程序实现了会计信息的采集、加工和呈报的自动化，无法满足企业相关利益者的个性化信息需求。

2. 会计信息系统不能充分发挥控制和管理职能

会计的本质是"观念总结"和"过程控制"，既通常所说的"反映"和"监督"。现行的会计信息系统只是体现了"反映"的部分职能，并没有体现会计应有的控制和管理职能。尽管国内外相关机构和组织公布了大量的内部控制框架和参考标准，但在会计信息系统中，囿于传统的开发理论和方法以及长期以来的应用习惯，现行的会计信息系统仍无法满足会计控制需求，以结构化开发方法建立的会计信息系统在实时控制和审计鉴证方面存在着一定的缺陷，而对现有系统的改造无疑将付出高昂的成本。

3. 会计信息系统的效率低下

对信息系统效率的衡量，一般从时间、质量、成本和灵活性四个维度进行分析[②]。从时间角度看，目前的会计信息系统大多数还保留了手工会计业务的痕迹，虽然部分实现了数据采集、处理和报告环节的自动化，但从流程整体而言，效率并未得到显著提升；从质量角度分析，目前会计信息系统并未对会计信息质量特征带来实质性影响；从成本角度分析，目前会计信息系统采用硬编码[③]方式，造成系统在开发、实施、维护和升级过程中的成本上升；从灵活性角度分析，目前的会计信息系统无法适应企业多变的业务需求或即使会计信息系统具备了一定的二次开发能力，但仍然需要专业人士的开发和定义，对环境适应能力相对较弱，会计信息系统应具有的效能没有得到充分发挥。

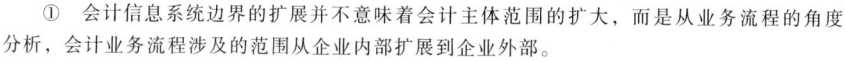

① 会计信息系统边界的扩展并不意味着会计主体范围的扩大，而是从业务流程的角度分析，会计业务流程涉及的范围从企业内部扩展到企业外部。

② 关于四个维度分析的详细内容参见第 4 章。

③ 所谓硬编码是指在系统开发过程中，采用固化的编码方式实现系统功能，对系统的修改只能通过编码修改的方式进行。

1.1.3 IT 发展带来的机遇

毫无疑问，IT 技术正逐渐改变着企业的组织和形态，也逐渐改变着社会政治、经济、文化和生活习惯。随着互联网技术的发展和应用以及智能技术的兴起，不仅可有效支持企业实现在空间、时间和处理能力上的集成，更重要的是 IT 技术正在改变着传统的商业逻辑，随着"大智移云物"为代表的新 IT 技术的兴起，传统的会计信息系统正在面临着新的挑战。

1. 系统设计从以数据处理为核心转向业务流程的融入

20 世纪 70 年代，限于当时的信息技术环境，IT 技术关注的焦点问题是如何实现信息的存取和展现。数据建模成为构建信息系统的起点。信息系统研究的重点是如何高质量的采集信息并以符合用户需求的视图将其展现。系统开发的相当一部分精力集中于如何提高数据处理效率和存储效率，并以此为基础形成了一系列完整的开发方法和开发工具。数据建模忽视了业务过程的处理逻辑，导致业务过程无序地散布于软件和人工过程中，甚至为了满足信息系统开发的需求而对业务过程进行调整。显然，以此构建的信息系统无法满足企业灵活多变的管理需求，也无法适应激烈的市场竞争。20 世纪 90 年代以来，为适应多变的企业管理环境，要求信息系统能够对组织环境的变化做出灵活快速的响应。以模型驱动架构（Model Driven Architecture，MDA），SOA 为代表的信息技术基础架构成为人们研究的重点，在它们的共同支持下，采用自动化代码生成、源代码重构、模型转换以及模型执行技术，可快速完成由"设计变更"向"实现变更"的传递。业务过程逻辑可以从应用程序中抽取出来，并通过模型加以表述，有力地支持了企业业务流程再造和业务演化。随着新 IT 技术的大量涌现，平台化、模块化系统开始大量出现，传统的笨重的信息系统，被越来越多的"小、快、灵"微应用替代，系统的边界变得模糊，系统逐渐成为一组按需应用的定制集合体，而不是一个僵化庞大的应用软件。

2. 系统架构从集中控制向协同开放的转变

无论是早期的文件/服务器（F/S）架构，还是客户端/服务器（C/S）架构都采取了集中控制的信息系统架构，虽然浏览器/服务器（B/S）

架构有效地实现了客户端的扩展，但在服务器端仍然采取了集中控制的模式。而 P2P①思想的出现彻底打破了集中控制的局限，在标准化协议和工具软件的支持下，互联网内的任意节点均可以实现对等的访问，而在管理信息系统应用方面，多智能主体（Multi‐Agent System）、SOA 技术、人工智能技术的出现有效地支持了管理信息系统实现从集中控制向协同开放的转变。而协同开放的系统更适合一个互联网时代的企业成长。随着云计算的大量应用，系统架构也逐渐向云端迁移，从而真正实现了去中心化应用。

3. 系统开发从代码编制向系统集成的转变

早期的信息系统注重于系统的开发，大多采用自顶向下、逐层分解的思想，将复杂的系统分解为若干个简单问题，并通过模块化将它们组织在一起形成系统；随着组件技术、中间件技术、异构系统的出现，现代管理信息系统更多地将关注点从底层编码开发转向系统集成。在此基础上建立的信息系统并不是一个孤立、封闭的软件，而是一个开放的、易于集成，能够对企业管理流程做出及时响应的企业集成平台。

4. 系统功能从数据处理向资源调配的转变

随着信息化理念的不断深入，人们对信息技术的理解不断改变，特别是对管理信息系统的认识从最初的数据加工和处理工具已经转变为进行资源调配的平台。信息系统突破时间和空间的限制，实现资源的合理调度和整合，高效率地执行企业业务过程。信息系统的功能也从最初的信息呈报转向了资源管理和调配。信息系统管理和控制的能力逐渐强化。

综上所述，企业管理环境和会计专业学科领域的发展变化催生了新一代的会计信息系统，而信息技术特别是信息系统开发技术的丰富和完善为此提供了良好的技术平台，为会计信息系统的开发提供了新的哲学和方法，同时，也为会计学科的发展提供了新的途径和思路。

---

① P2P 即 peer‐to‐peer。peer 在英语里是"（地位、能力等）同等者"、"同事"和"伙伴"的意思，称为对等联网，客观地讲，单从技术角度而言，P2P 并未激发出任何重大的创新，其更多的是改变了人们对因特网的理解，它允许互联网内的仍以两个节点在相关协议和标准的支持下，进行平等的交流，正因如此，IBM 早就宣称 P2P 不是一个技术概念，而是一种思想。

1.2 研究定位及内容

1.2.1 研究定位

美国著名信息系统专家 Landon 认为，信息系统的本质是基于信息技术的组织和管理解答，即：信息系统是企业管理模式在 IT 环境下的描述和求解空间的映射。从方法学的角度而言，基于信息技术的组织和管理解答过程就是信息系统的构建过程，它成为联系企业管理模式和信息技术的纽带和桥梁。

会计信息系统是会计专业领域知识和会计管理模式在 IT 环境下的描述和解答，研究如何实现会计专业领域知识和会计管理模式在 IT 技术空间上的映射成为构建高质量会计信息系统的核心。

因此，本书的研究定位在会计信息系统构建方法学的扩展，在对会计信息系统构建方法进行回顾和分析的基础上，借助于智能化技术实现会计信息系统的重构，并在此基础上研究智能会计信息系统的总体架构和核心业务流程。

1.2.2 研究内容

1. 智能化概念的引入

智能化并不是简单的智能技术的使用，而是一种能力的体现。一般而言，智能信息系统应具备三种能力：Understanding（理解）、Reasoning（推理）和 Learning（学习）。智能化概念的引入能帮助信息系统具备识别企业经济活动、对企业经济活动行为分析和推理以及系统的自适应、自学习能力。即通过对企业内外部环境（如市场、客户、企业生产能力等）的感知，获取相关信息进行分析，并进一步做出决策支持企业业务目标的过程。智能技术则是在此过程中采取的策略、技术和工具的集合。近年来，随着企业管理核心从职能向流程的转变，智能化技术大量涌现，凭借其在流程管理和控制决策智能化、流程协同和执行柔性化方面的优势，其应用领域从传统的管理信息系统、决策模拟系统逐

步扩展到企业管理和社会资源管理的各个领域。

2. 智能会计信息系统的构建

在总结和分析智能技术的基础上，进一步论证在会计信息系统中引入智能技术的必要性和可行性，认为智能会计信息系统将在以下方面发挥优势：①有效支持企业及其相关利益者获取会计信息并及时做出分析和反馈，通过业务流程的协同实现会计信息系统边界的扩展。②有效支持企业的内部控制过程。以流程为载体实现企业控制过程向业务过程的植入，流程有明确的步骤和责任主体，控制逻辑清晰可见，便于流程的风险识别、分析和反馈，从而有效支持企业内部控制措施与信息系统的集成。③有效支持企业的复杂决策和动态决策过程和行为。④有效支持企业间会计业务流程的协同，支持基于互联网环境下开放、协同的工作模式。

3. 智能会计信息系统核心流程研究

对现有的会计业务流程进行诊断和分析，并在此基础上对构成智能会计信息系统的核心流程——会计报告流程、内部控制流程、会计决策流程、会计协同流程进行建模研究，实现会计业务流程改进，为智能会计信息系统的实现奠定基础。

1.3　研究意义

会计信息系统构建方法的研究是信息系统开发中的关键技术和主要任务之一，同时也是信息系统构建中的知识转移过程。其难点在于如何正确完整地捕捉和验证会计领域的知识，并借助于一定的工具进行抽象、概括和表达。作为特定领域的信息系统构建，长期以来会计信息系统构建方法的研究并未引起足够的重视，因此，本书的研究意义主要体现在理论和实践两个层面。

1.3.1　理论意义

1. 对会计信息系统构建方法学的扩展

在信息化背景下，会计的改进和变革必然需要信息系统的支持，基于会计本身的特殊性，会计信息系统构建方法学将在这一过程中发挥重要作用。在国内，会计信息化研究过多地关注信息技术的实现过程，而忽略了对会计信息系统建模理论和方法的系统性研究，造成了理论研究和实践应用的脱节。而智能会计信息系统以企业业务流程为核心，构建智能化会计信息系统，实现了会计信息系统在构建方法上的扩展。

2. 对会计信息系统概念模型的扩展

会计信息系统概念模型是对一定时期和背景下会计信息系统特征的概括性描述和抽象。在信息化背景下，企业管理环境和信息化技术的发展已经对会计本身提出了更高的要求。智能会计信息系统扩展了目前会计信息系统的概念模型，认为会计信息系统不仅仅是对外提供报告的数据加工系统，而是一个面向业务流程的，充分融合控制和管理功能的，具备智能应用能力的企业集成应用平台。

3. 对会计信息化理论体系的丰富

会计信息化TMAIM体系架构①是由会计信息化理论体系、会计信息化方法学体系、会计信息化应用体系、会计信息化实施体系和会计信息化行业和社会管理体系五个要素组成。智能会计信息系统构建研究属于会计信息化方法学体系研究。其汲取系统论、信息论和控制论的精华，融合会计学、组织行为学、管理学和信息科学的相关成果，借鉴人工智能、大数据、物联网等信息技术发展的最新成果，丰富了会计信息化方法学体系。

1.3.2 实践意义

智能会计信息系统的研究在实践层面具有更为直接的指导意义，主要体现在：

1. 基于智能技术的会计信息系统关键流程建模

逻辑模型是信息系统开发的基础，本书围绕会计信息系统的关键流程，结合信息技术的最新应用，围绕会计信息披露流程、会计决策流

---

① 会计信息化TMAIM（Theory Method Application Implementation Management）体系架构的概念和结构由杨周南教授于2009年提出。详细内容参见《辉煌历程——中国会计信息化三十年》，中国财政经济出版社，2009年。

程、内部控制流程、资源协同流程分别建立逻辑模型。为会计信息系统的开发提供了参考和依据。

2. 有利于促进会计信息系统与企业管理活动的融合

会计的本质是一种管理活动①，在传统的会计信息系统中，过多的关注信息的采集、加工和披露过程，而忽略了会计参与管理活动的职能和本质。智能化会计信息系统的应用实现了业财融合、管控融合、数据融合，消除了在传统会计工作中会计与企业管理活动的藩篱，促进了会计向管理活动的回归。

3. 有利于会计信息系统应用范围从微观层面向宏观层面的扩展

传统意义上的会计信息系统应用局限在企业内部，随着会计信息标准化体系和区块链等新技术的应用，会计信息系统更多地需要和外部进行协同和相互参照和鉴证，会计信息系统具有了更多的外部化特征。本书构建的会计信息协同流程正是从这一角度出发论述的，有助于推动会计信息系统的应用超越传统的企业边界，实现向宏观层面的扩展和应用。

1.4　研究思路、方法和章节安排

1.4.1　研究思路

本书以智能会计信息系统的构建为主线，围绕智能会计信息系统的总体架构研究、核心流程研究和流程优化研究进行分析。

第一，在对智能会计信息系统依托的相关理论，包括系统论、信息论、控制论以及业务流程管理理论、软件开发理论、人工智能理论进行全面回顾和总结的基础上，提出了智能会计信息系统的相关概念。

第二，对 IT 技术对会计的影响进行研究。笔者认为 IT 在会计中的应用带来的不仅仅是工具的变化，而是应用环境和业务逻辑的变革，IT 对会计的影响主要体现在哪些方面，如何通过会计信息系统的应用反映这些变化是本书研究的主要内容之一。

---

① 会计管理活动论由杨纪琬、阎达五两位教授提出，认为会计的本质是一种管理活动。

第三,通过对会计信息系统构建方法的比较和分析,论证了将人工智能方法引入会计信息系统的必要性和可行性,提出了智能会计信息系统的层次体系架构,并进一步构建了智能会计信息系统的总体架构。

第四,围绕智能会计信息系统的核心功能,按照 BPM 的思想,对会计业务流程进行分析、诊断和再设计,构造智能化会计报告流程模型、内部控制流程模型、会计决策流程和会计业务协同流程模型,从而形成智能会计信息系统的完整逻辑框架。

第五,提出了智能会计信息系统的构建策略。认为在现代 IT 技术的支持下,智能会计信息系统的构建将突破封闭、僵化的构建策略,系统的边界日益模糊,系统的功能应用更具有社会化特征。

本书逻辑结构如图 1-1 所示。

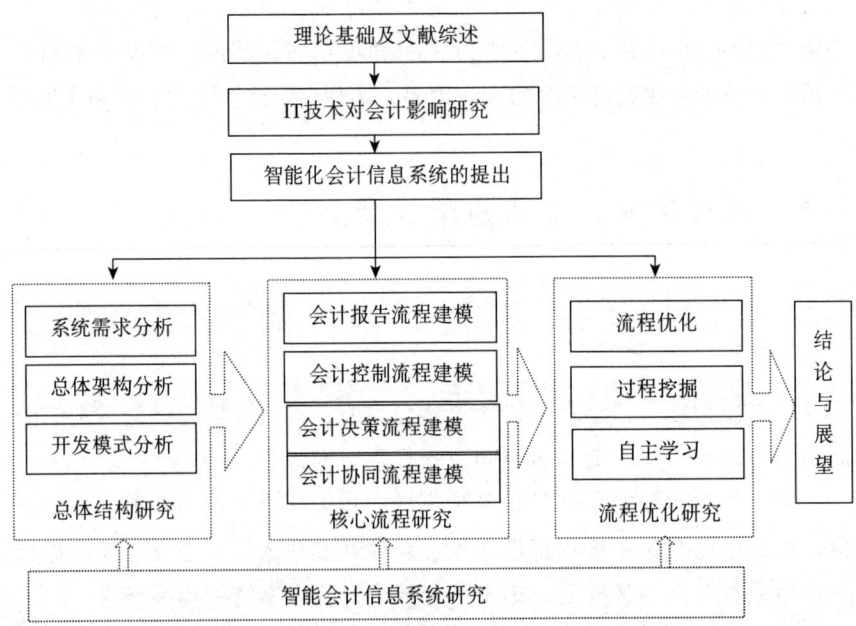

图 1-1 本书逻辑结构图

1.4.2 研究方法

本书结合前人的研究成果和系统论、信息论、控制论以及业务流程管理理论、软件工程理论、人工智能等相关学科的思想和方法,对智能会计信息系统的构建进行分析、推理、归纳和逻辑建模。结合本书的研究对象和内容，具体应用的研究方法有：

1. 规范研究法

规范研究主要采用演绎推理的方法，按照事物的内在运行规律进行逻辑分析和推理，并推导出相关结论。智能会计信息系统的研究正是通过对会计信息系统、业务流程管理、软件开发技术等相关理论的总结和分析，发现其中的规律，扩展会计信息系统的构建方法，并抽象和归纳出相应的逻辑模型。

2. 文献研究法

文献研究法是根据一定的研究目的或课题，通过调查文献来获得资料，从而全面地、正确地了解掌握所要研究问题的一种方法。文献研究法被广泛用于各类学科研究中。通过文献研究了解相关问题的历史和现状，了解最新的研究前沿和动态，帮助确定研究课题，有助于把握研究对象的发展轨迹和趋势，同时继承和借鉴他人的研究成果，不断积累和创造新的知识。智能会计信息系统是沿着信息技术和会计信息系统的发展脉络逐渐演化出来的，对文献的回顾和总结可以进一步归纳出智能会计信息系统的内在规律。

3. 交叉研究法

交叉研究法是运用多学科的理论、方法和成果从整体上对某一课题进行综合研究的方法，也称"跨学科研究法"。科学发展的运动规律表明，科学在高度分化中又高度综合，形成一个统一的整体。在智能会计信息系统的研究中，涉及信息技术、会计学、管理学、行为科学等多个领域的专业知识，属于跨学科交叉研究范畴。

1.4.3 本书的章节安排

按照本书的研究逻辑结构，共分 8 章内容展开研究。

第 1 章，绪论。着重介绍本书的研究背景、研究目标、研究的基本思路和主要内容、研究方法以及可能的创新和不足等。

第 2 章，理论基础和文献综述。以系统论、信息论、控制论为基础，对业务流程重组、软件工程等相关理论进行全面回顾和总结，并对会计信息系统、信息系统建模方法、工作流管理技术等与人工智能信息系统相关领域的研究情况进行了文献综述，同时也对智能信息系统的研究和应用现状进行了评述。

第3章，IT技术对会计的影响。本章在回顾会计信息系统发展历程的基础上，从理论和实务两个层面对IT技术对会计的影响展开论述，并对IT技术对会计未来的影响趋势进行了分析和探讨。

第4章，智能会计信息系统体系结构设计。在界定了智能会计信息系统的基本概念基础上，主要对智能会计信息系统的体系结构、应用模式、开发模式等进行阐述，初步构建了智能会计信息系统的基本框架。

第5章，智能会计信息系统总体功能设计。本章重点比较了会计信息系统建模的几种方式，提出以过程模型和REA模型相结合构建智能会计信息系统的思路，并进一步论证将智能方法引入会计信息系统的必要性和可行性，提出智能会计信息系统的总体层次结构框架，并论述了构建智能会计信息系统应借鉴的工作流管理原理和模型构建原理。分析了智能会计信息系统的总体功能需求和性能需求。

第6章，智能会计信息系统核心流程设计。本章基于BPM的相关思想，按照分析、诊断和再设计的步骤对智能会计信息系统的核心流程进行逻辑模型构建，主要包括会计报告流程模型、内部控制流程模型、会计决策流程模型、会计协同流程模型，并对上述模型的实现策略和关键技术进行了分析。

第7章，智能会计信息系统的流程优化。本章借助过程挖掘算法，研究智能会计信息系统实现过程自主优化和自学习的途径和方法，提出了过程优化的迭代模型。

第8章，研究结论与展望。总结了本书的研究结论并对智能会计信息系统今后的研究方向进行分析和展望。

1.5 创新点及不足

1.5.1 创新点

智能方法在信息系统领域属于新兴的研究领域，并在企业管理信息系统中得到一定程度的应用,但目前通过相关资料的检索尚未发现将智能方法引入会计信息系统进行系统研究的同类课题。本书的创新点主要有:

1. 会计信息系统构建方法学上的创新

智能方法作为一类新兴的信息系统构建方法,在流程管理、智能优化、灵活配置、资源协同等方面具有优势,将其引入到会计信息系统中,能实现会计信息系统从视图驱动向流程驱动的转变,满足柔性会计报告、集成内部控制和会计业务协同的需求,构建具有流程的执行、管理、控制和优化能力,具有自主学习能力和自适应能力的会计信息系统,实现会计信息系统在构建方法上的创新,并进而提出融合过程方法和以 REA 模型的优势构建的智能会计信息系统将成为未来主流的会计信息系统之一。

2. 基于智能的风险导向内部控制流程模型的构建

参照本书提出的智能信息系统逻辑模型,构建了基于智能的风险导向内部控制流程模型,通过"感知适应性"和"感知灵活性"可以有效感知企业业务流程风险,并通过持续的过程监控和实时控制加以规避。通过对流程控制逻辑模型的抽取和可视化定义,可以帮助企业理解和执行内部控制的相关策略,增强内部控制的有效性。

3. 过程挖掘技术在会计信息系统过程优化中的引入

本书认为,在智能会计信息系统中,可以借助于过程挖掘为代表的流程优化技术实现会计信息系统业务流程的自主优化和自主学习,并提出了过程优化的迭代模型。为构建智能化的会计信息系统奠定了基础。

1.5.2 存在的不足

前已述及,智能会计信息系统研究属于新兴的交叉学科研究,限于笔者的知识结构和阅历,在研究过程中难免存在不足,主要有:

1. 智能会计信息系统应用情况有待实践检验

智能的信息系统虽然在诸如客户关系管理、办公自动化领域等取得较为成功的应用,但在会计信息系统研究领域尚缺乏成功案例,因此,对相关观点的验证缺乏实践过程的检验。

2. 本书未对智能方法对会计本身的影响进行深入研究

作为一种新的信息系统构建方法的引入，不仅对会计信息系统的构建带来变革，也有可能影响会计学科本身的相关内容。如对内部控制的理解、对会计信息质量的影响等。同时，在可预见的未来，智能方法可以有效支持企业群落的业务协同，并可能在此基础上构建面向公众的社会化会计信息共享平台。限于篇幅，本书未对此展开研究。

1.6 小结

本章阐述了本书研究的背景、定位和主要内容，分析了进行智能会计信息系统研究的理论意义和实践意义，阐述了本书采用的研究思路和方法，并进一步指出了本书的创新点和不足。

理论基础与文献综述

2.1 理论基础

会计信息系统的研究属于交叉学科领域的研究,它是在相关理论研究基础上逐渐发展和成熟起来的。这些理论涉及影响我们思考问题和选取工作方式的基础理论,如系统论、信息论与控制论;也涉及值得我们汲取经验和教训的实用理论,如软件工程理论、人工智能理论;还涉及启迪我们思维的新型理论,如业务流程重组理论。以下对这些理论的主要内容进行回顾。

2.1.1 系统论、信息论与控制论

尽管系统论、控制论与信息论作为综合的普遍性的理论已被人们所熟知,但作为信息系统构建的基础理论,仍需要就相关理论对本书研究的影响进行归纳和总结。系统论、控制论与信息论(老三论)横跨自然科学和社会科学两大领域,在哲学、社会科学和自然科学之间架起了相互贯通的桥梁。它们不仅进一步深化了人们对现实世界的认识,而且以其特有的新颖思路改变了人们的思维方式,为科学研究提供了崭新的方法。

1. 系统论[1][2][3]的主要观点及其对本书研究的作用

20世纪20年代开始,在以冯·贝塔朗菲(Ludwing Von Bertalantfy)、哈肯(H. Kakel)、普利高津(I. Pringogine)、钱学森为代表的学者们的努力下,将朴素的系统思想发扬光大,形成一门具有完整理论体系和科学方法论的学科——系统论,它的主要观点有:

(1)整体性原理:系统是相互联系、相互作用的诸要素组成的有机整体。系统总是作为相对独立的整体存在于一定的环境之中。整体性是系统的最基本属性。

(2)相关性原理:系统中每个要素的存在依赖于其他要素的存在,往往某个要素发生了变化,其他要素也随之变化,并引起系统变化。系统之所以运动并具有整体属性是系统与要素、要素与要素以及系统与环境等相互联系、相互作用的结果。

(3)结构性原理:系统的结构是系统保持整体性以及具有一定功能的内在根据。系统的结构具有相对的稳定性,稳定性是指系统在外界干扰的作用下,持续保持结构的恒定性、有序性。只有系统内部各要素之间具有稳定联系,形成有序结构,才能保持系统的整体性。

(4)层次性原理:系统由一定的要素组成,这些要素是由更小一层要素组成的子系统,另外,系统本身又是更大系统的组成要素。系统的层次性特征有利于系统本身的运行和功能的发挥。层次性原理的实践意义在于我们要注意整体与层次、层次与层次之间的相互制约关系,并用层次分析与层次综合的方法解决实际问题。

(5)动态性原理:现实系统都是开放系统,都有物流、能流、信息流在不断的运动,系统的这种运动、发展、变化过程就是它的"动态性"。

(6)目的性原理:系统自我趋向稳定有序状态的特性就是系统的目的性。目的性是系统的一种规律性。人们首先必须确定系统达到的目标,然后在尊重客观规律的前提下,通过反馈调节和控制系统,使系统

---

① 曾广容. 系统论控制论信息论与哲学 [M]. 长沙:中南工业大学出版社,1988.
② 张文贤. 会计理论创新 [M]. 北京:中国财政经济出版社,2002.
③ 于玉林. 现代会计理论 [M]. 北京:经济科学出版社,2004.

的发展顺利地导向目标。管理工作中的目标管理就是根据大系统的总目标来确定和协调各子系统的分目标。分目标服从于总目标,各层次的子系统应在总目标的指引下协同配合,完成自己的分目标。

(7) 环境适应性原理:系统适应环境变化的能力,称之为环境适应性。现实中的系统都是开放系统,它总是在一定的环境中存在和发展的,它与环境有物质、能量和信息的交换。

不难看出,上述观点的总结对信息系统的构建具有重要的指导意义,导致信息系统在外部环境的影响下不断发展演进。在现代企业竞争日趋激烈的背景下,信息系统对环境的适应性愈发重要,为满足客户个性化的需求,系统需要随时对构成系统的各要素进行重新组合和排列,以保持功能上对需求的满足,同时,系统又具有整体性,必须服从于一定的目标而存在。因此,信息系统的功能特别是管理信息系统的功能已不再是简单的信息采集、加工和报送,而应该成为联系系统各要素之间的纽带,通过对要素的编排和逻辑控制实现系统新的目标。在信息技术开发领域的新热点,如 SOA、MDA、S + S 等技术和方法中无不渗透着类似的概念,智能的会计信息系统也遵循着系统论的基本原理。

2. 信息论[①][②]的主要观点及其对本书研究的作用

信息论成为一门独立的科学,主要归功于美国贝尔实验室的香农。香农为了解决信息的编码问题,提高通信的效率和可靠性,开始从事信息论的研究。他的突出贡献是把信息抽象为一个单纯的量,用概率论和数理统计为工具,定量描述了信息的传输和提取方面的问题。香农用信息论初步解决了如何从信息接收端(信宿)提取由信源发出来的消息问题和如何充分利用信道容量的问题,以及如何编码、译码才能使信源的信息被充分表达、信道的容量被充分利用的问题。

通信是信息在系统中传输、变换、存储、处理、显示和识别的过程。通信系统必须是一个发送与接收、输出和输入二者相互联系、不可分割的统一整体。香农的通信系统模型如图 2 - 1 所示。

---

① 曾广容. 系统论控制论信息论与哲学 [M]. 长沙:中南工业大学出版社,1988.
② 刘建成,陈喜崇. 信息论与信源编码理论及应用 [M],北京:北京邮电大学出版社,2009.

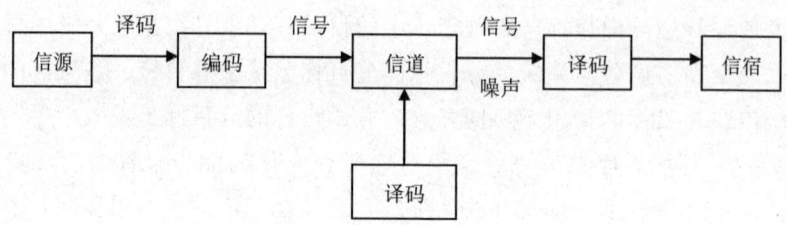

图 2-1 香农的通信系统模型

1948年，信息论的创始人香农在题为《通信的数学理论》的论文中指出："信息是用来消除随机不定性的东西"。肯尼斯·阿罗在他的《信息经济学》中对信息进行了如下的定义：信息就是根据条件概率原则有效地改变概率的任何观察结果。信息的理论定义可以表示为：信息就是传递中的知识差（Degree of Knowledge）。两个概念一脉相承，即认为信息的主要作用是消除不确定性。

而信息运动是指在存在有知识差的主体间信息的产生和传递过程，香农在他的论文中同时也描述了信息三种层次的传播。

A层：传播符号如何能够被准确地发射？（技术问题）

B层：被发射的信号如何能准确地传递意图中的意义？（语义问题）

C层：被接受的意义如何有效地以意图中的方式影响行为？（效果或行为问题）

三种层次的传播实际上描述了信息运动的基本规律：第一，信息运动是发生在具有知识差的两个或多个主体之间的行为，发出者称为信源，接收者成为信宿；第二，信息准确地发射就要求信息能够准确地编码，在经济信息中则要求信息能够准确反映经济活动的本质属性和特征；第三，信息在发送过程中要通过信道传递，在传递过程中应遵循一定的规则以保证信息不受噪音干扰，能够准确表达信息传递的意图，或者说能够通过信息传递最大程度的降低信源和信宿之间的知识差；第四，信息的接收者是否能够有效接收信息并做出反馈或根据接收到信息做出理性人应有的决策。

将上述概念引申到会计中来，则可以给出会计信息运动规律的概括性描述。

（1）会计信息运动发生在具有知识差的会计信息提供者和需求者

之间。在目前的经济社会环境下,会计信息运动的范围已经超出了企业主体,从微观层面看,涉及投资人、企业管理层、企业员工、供应商、销售商合作伙伴等;从宏观层面看,则涉及政府、社会公众和资本市场,相应的会计信息系统的边界也应该随之扩展。

(2)会计信息运动过程应符合会计信息质量特征的要求。会计信息质量特征是保证会计信息在传递过程中能够准确传递会计信息意图的质量要求,其以会计目标为导向,以成本效益为约束条件,以会计准则的形式约定了会计信息生产、加工和报告的规则。同时,为保证会计信息生产、加工和报告过程符合会计准则的要求和企业经营管理的目标,必须对会计信息运动过程进行合理有效的控制和鉴证。

(3)会计信息的接收者能够充分理解会计信息的含义,能根据接收到的信息做出合理的决策和判断,并通过这一行为影响会计信息的生产和加工过程。因此,必须保证会计信息能够被理解,同时要保证信息接收者采取恰当的行为能够对会计信息的生产和加工产生影响。

对会计信息运动规律的总结实际上是对会计信息系统功能的概括,会计信息不仅能够传送信息,更重要的是向信息使用者传送有价值的信息,并帮助信息使用者根据获得的信息做出决策和反馈。

3. 控制论[1][2]

1948年,美国著名数学家、控制论的创始人——维纳发表《控制论》一书,标志着一门新兴的横断科学——控制论的诞生。控制论是研究动物、机器、自然和社会等系统中控制、反馈和通信的共同规律的科学。控制论是综合性、边缘性、基础性的科学,它和"系统论"、"信息论"一起俗称"老三论"。

控制是指为了改善系统的性能或达到某个特定的目的,通过对系统输出信号的采集和加工而产生控制信号施加到系统的过程。在通常情况下,控制部分一般由传感器(Sensor)、控制器(Controller)和执行器(Actuator)组成。传感器用来采集信息,并把它变换到合适的形式传送

---

[1] 曾广容. 系统论控制论信息论与哲学 [M]. 长沙:中南工业大学出版社,1988.
[2] 万百五,韩崇昭,蔡远利. 控制论 概念、方法与应用 [M]. 北京:清华大学出版社,2009.

到控制器。控制器用来加工信息、产生控制信号，其是控制系统的核心。执行器则将控制器产生的控制信号进行放大和变换，以此产生控制作用，最终施加到被控对象上。控制系统的输出也称为系统响应。一般情况下，控制的目的使得系统输出信号跟随某个设定的信号进行变化，称为伺服控制问题。如果要求系统输出信号保持在某个设定的固定值附近，则称为调节控制问题，简称为调节。控制系统的简单结构如图2-2所示。

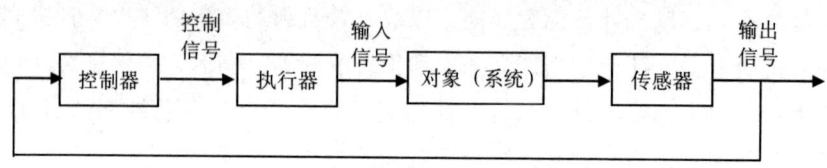

图2-2　控制系统简单结构图

控制论的产生和发展影响了人们的思维方式。目前，控制论已形成了工程控制论、生物控制论、社会控制论、经济控制论等多个方面的理论，已经产生了适用于各门学科的概念、模型、原理和方法。研究证明，无论自动机器，还是神经系统、生命系统、社会系统、经济系统，都可以把它们看作是一个自动控制系统，用控制论的理论和观点科学地分析各个领域的运动规律具有普遍性和科学性。

控制论对智能信息系统的构建具有直接的指导意义，实际上智能信息系统就是控制论在信息系统中的映射。一般认为，智能包括环境识别、信息分析和动作反馈三个过程，三个过程构成了一个控制循环。智能的信息系统就是以信息系统为主体，以企业内外部环境为客体，通过主体对客体变化因素的感知驱动系统的执行，并由系统进行自动调节和控制，以快速响应环境的变化。

2.1.2　软件工程相关理论①②③

软件工程是一门指导计算机软件系统开发和维护的工程学科，是应用计算机科学与技术以及工程管理的原则与方法，实现满足用户要求的

---

① 吕云翔，王昕鹏．软件工程［M］．北京：人民邮电出版社，2009．
② 郑人杰，马素霞，殷人昆．软件工程概论［M］．北京：机械工业出版社，2010．
③ 许家珆，白忠建，吴磊．软件工程理论与实践［M］．北京：高等教育出版社，2009．

软件产品定义、开发和维护的过程。软件工程是在克服20世纪60年代末所出现的"软件危机"的过程中逐渐形成与发展的。经过几十年的发展，软件工程在理论和实践两个方面都取得了长足的进步，尤其是独特的软件工程理论对软件和信息系统的开发具有重要的指导作用。

1. 软件的生命周期理论

软件的生命周期是指软件产品从构想到被市场淘汰所经历的全过程。传统的软件产品的生命周期一般可以划分为6个阶段：可行性研究、需求分析、软件设计、编码、软件测试和软件维护。可行性研究确定待开发的软件产品所要解决的问题，从技术、经济、操作或社会等多个方面确定总体的开发策略与开发方式，并对开发所需要的资金、时间和各种资源做出合理估计。需求分析确定目标系统需要做什么，要对原始的需求进行抽象与概括，从功能、性能、界面和接口等诸多方面对需求进行详细描述，并最终反映到软件需求规格说明书中。软件设计确定系统怎么做的问题，可以分为概要设计和详细设计两个阶段；概要设计旨在建立系统的总体结构，从总体上对软件的结构、接口和全局数据结构等给出数据说明；详细设计关注每个模块的内部实现细节，为后续的编码工作提供最直接的依据。在编码阶段，开发人员根据设计阶段制定的设计方案，编写程序代码。软件测试的目的是发现软件产品中存在的缺陷，进而保证软件产品的质量；按照测试点的不同，测试可以分为单元测试、集成测试、系统测试和验收测试。软件产品被交付后，其生命周期还在继续；在使用的过程中，用户还会不断地发现产品中所隐藏的各种各样的错误；同时，随着用户需求的增长或改变，以及市场环境的变化，软件产品的功能需要不断更新，版本需要不断升级。所以，在使用软件产品的过程中，软件开发人员需要对产品进行维护，以保证软件产品的正常运行。

2. 软件的开发模型理论

软件开发模型是软件工程思想的具体化，它反映了软件在其生命周期中各阶段之间的衔接和过渡关系以及软件开发的组织方式，是人们在软件开发实践中总结出来的软件开发方法和步骤。典型的软件开发模型有瀑布模型、原型模型、增量模型、螺旋模型、统一软件开发过程模型、敏捷模型和微软解决方案框架（MSF）。瀑布模型是出现得比较早的软件开发模型。在这种模型中，各阶段之间的组织方式就如同瀑布一样逐级下落。开发人员必须在完成前一阶段的任务后，才能开始下一阶段的工作，各个阶段之间通常是按固定顺序连接的，前一阶段的输出往往就是后一阶段的输入。瀑布模型的阶段性强，易于对项目进行管理；但是它的开发过程不灵活，不能适应环境的变化。原型模型是开发人员为了快速而准确地获取需求经常采用的方法。在初步获取需求后，开发人员会快速地开发一个原型系统。通过对原型系统进行模拟操作，开发人员可以更直观、更全面和更准确地了解用户对待开发系统的各项要求，同时还能挖掘到隐藏的需求。原型模型可以帮助开发人员充分挖掘需求，并对技术的可行性进行研究。增量模型把待开发的软件系统看成是一个个的增量组件，从而分批次地实现和交付各个增量。螺旋模型将风险分析的机制扩展到了各个阶段的活动中，可以有效地降低软件开发的风险，但是这种模型可操作性不强。统一软件开发过程是面向对象软件开发模型，它基于迭代的思想，适用范围极其广泛。敏捷模型是一种轻量级的软件开发过程，它支持软件产品的快速开发，能够很快地适应软件开发周期中的各种变化。极限编程是敏捷模型的一种典型应用。MSF 是一组建立、开发和实现分布式企业系统应用的工作模型、开发准则和应用指南，它总结了微软公司自己的产品开发者、微软信息技术工作者、微软的合作伙伴和客户以及微软咨询服务部门的经验，旨在帮助客户用一套成熟的框架来解决自己的业务问题。

作为一类特殊的信息系统，智能的会计信息系统有其独特的生命周期和开发模式[①]。它是软件工程理论最新研究成果的具体应用，它借鉴了统一软件开发的过程思想，采用迭代方法逐步求精，通过设计、执行、诊断、优化四个阶段的迭代，逐步得到用户满意的信息系统；它遵循了极限编程的思想，由用户、系统分析人员、系统设计人员、系统测试人员共同构成的项目小组通过协作、沟通完成指定的目标，在智能信息系统的开发过程中，甚至难以区分软件开发的各个阶段，而软件的生命周期也随着不断的迭代过程而扩展。

---

① 详见第 5 章。

2.1.3　业务流程管理①

业务流程管理是智能方法产生的理论基础之一，也是构建智能会计信息系统的理论基础，因此，对业务流程管理概念的梳理有助于对智能会计信息系统运行规律的把握。

1990 年，美国的 Hammer 博士提出了业务流程重组的概念，受到了人们的关注，并将它引入到西方企业管理领域。但实际上自从产生社会分工和组织以来，就有了流程管理的思想，流程管理思想的发展大致经历了流程改进（Business Process Improvement，BPI）②、流程再造（Business Process Reengineering，BPR）③、流程管理（Business Process Management，BPM）④ 和流程治理（Business Process Governance，BPG）⑤四大阶段。

1. 流程改进（BPI）

18 世纪英国经济家学亚当·斯密在《国民财富的性质和原因的研究》中提出"劳动分工原理"，提出分工有利于提高效率、增加产量。其理由有三：第一，劳动者的技巧因分工而更专业，有利于提高单位工作效率；第二，分工可以免除由一种工作转到另一种工作的时间损失；第三，简化劳动和机械的发明使一个人能做许多人的工作。亚当·斯密的分工论蕴涵了最朴素的流程理念。1911 年，弗雷德里克·泰勒出版了《科学管理原理》一书，阐述了科学管理理论——应用科学方法确定从事一项工作的"最佳方法"，并很快被世界范围的管理者们普遍接受。分工理论和科学管理理论在企业的实践和发展的主要代表为：亨利·福特将其应用于福特公司，形成了汽车流水作业线并使生产效率倍增；阿尔弗雷德·斯隆在通用汽车公司构建了金字塔式的科层制组织结构，加强了部门管理。

2. 业务流程再造

进入 20 世纪 80 年代，市场竞争日益加剧，信息技术迅速发展，全

---

① 潘宪生，张明宝. 企业业务流程重组［M］. 北京：科学出版社，2004.
② Thomas Davenport，1990.
③ Michael Hammer，1993.
④ Elzinga，1995.
⑤ IBM，2009.

球化的浪潮日益增强，基于 3C（顾客、竞争和变革）为特征的三股力量使企业所处的环境发生了巨大的变化，原有的"科层制管理"造成的流程分工过细、追求局部效率、流程环节冗长、部门壁垒森严、忽视顾客利益等使其越来越难适应企业的发展。因此，企业环境的变化和企业管理的实践成为了企业管理理论发展的催化剂。业务流程再造理论因此诞生。"再造"（Reengineering）的概念源起于 MIT 在 1984 到 1989 年间进行的一项名为"20 世纪 90 年代的管理"的研究。当时，基于以 3C（顾客，竞争和变化）为特征的三股力量对企业的影响日益增大，"科层制管理"也不再适应企业的发展。该研究项目旨在借助计算机及其信息技术带来的革命性影响力为企业管理指明方向。1990 年迈克尔·哈默在《哈佛商业评论》上发表了题为《再造：不是自动化改造而是推倒重来》（Renglneenllg work：don't automate，obliterate）的文章，文中提出的再造思想开创了一场新的管理革命。1993 年迈克尔·哈默和詹姆斯·钱皮在其著作《企业再造：企业革命的宣言》（Reengineering the Corporation；a Manifesto for Business Revoiution）一书中首次提出了业务流程再造（BPR：Business Process Reengineering）概念，并将其定义为：对企业业务流程进行根本性的再思考和彻底性的再设计，以使成本、质量、服务和速度等衡量企业绩效的关键指标取得显著性的进展。

与此同时，国内外众多学者开始对 BPR 的关注，形成了一些具有代表性的观点，如表 2-1 所示。

表 2-1　　　　　　　　　BPR 代表性观点一览表

作者	代表性观点
托马斯·达文波特 （Thomes Davenport and Short，1990）	BPR 是组织中及组织间的工作流程及程序的分析与设计
Alter（1992）	BPR 是一种使用信息技术从根本上改变企业流程以达到主要企业目标的方法性程序
Venkatraman（1992）	BPR 是以使用信息技术为中心的企业重组。企业流程被重新设计以开发信息技术的能力到极大，而不是将现有流程作为信息技术基础架构设计时的限制
Thomes Davenport（1994）	BPR 是运用信息技术和人力资源管理手段大幅度改善业务流程绩效的革命性改进

续表

作者	代表性观点
Caronetal（1994）	BPR 是关注顾客需求的突破性革命
Tengetal（1994）	对现存流程的关键性分析和根本性的重新设计以实现在操作方法上的突破性改进
Omar 和 EISawy（1999）	认为跨组织流程再造（即企业间流程再造）是 BPR 的第二次浪潮
孙淑生（2002）	BPR 绝不是传统的劳动分工理论的简单的反叛，更强调分工协作基础上的整体性，传统的企业组织形式由于过分强调了劳动分工，而使得职能部门间的协调非常困难，从而效率低、成本高，阻碍了企业的发展，只有以流程为导向的企业组织形式才更有利于分工与协作，因为它面向的是顾客，服务的对象更明确，企业与员工的目标更统一

3. 业务流程管理（BPM）

BPR 在风靡世界的同时也受到了批评和指责，它作为企业整体的管理思想过于理想化，这种激进的方式也许可以摧毁一个旧制度，却很难快速建立一个有效的新制度，而且对急剧变革缺乏有效管理也导致大部分员工人心惶惶，这使得 BPR 的实施成本过于高昂。以至于两位奠基者后来也不得不承认 BPR 的方式过于革命化，忽视了企业承受力以及人的因素，并随之产生了业务流程管理（BPM）的思想。BPM 的基本思想是全面梳理企业内部流程；根据企业战略思想建立完整且分层的流程模型；针对现有流程的缺陷可以用重新设计或是改良的方式加以优化；并根据事先设定的流程绩效指标实时监控；整个过程不是一次性的，而是长期持续的改进。但也不排斥集中资源，有选择性地对核心流程进行项目式的彻底重组，之后将之纳入正常的流程管理体系。由于 BPM 兼容并蓄，而且整个方法论越来越理性和完整，因而是目前占据统治地位的流程管理思想。

4. 业务流程治理（BPG）

BPG 的概念由 IBM 在 2009 年提出，是基于 SOA 和 IT 治理环境下的业务流程策略。治理确定谁负责制定决策，需要制定什么决策，以及使决策制定保持一致的决策。治理不同于管理。治理规划需要制定什么决策，而管理是制定和实施决策的过程。治理重在建立决策，而管理重在贯彻执行决策。IBM认为，治理所关注的是建立一套实际工作的指南，该指南是管理的基础。从这个方面来说，治理解决的是策略，而管理解决的是执行。

综上所述，四个阶段的发展紧紧围绕两条主线，一是管理理念变革；二是工具和方法的创新。在后三个阶段，信息技术成为支撑业务流程管理理念发展的平台。而目前得到广泛认可和应用的是业务流程管理（BPM）。智能会计信息系统作为面向流程的信息系统之一同样也汲取了BPM的精华，更确切地讲，它是BPM思想的集中体现，是BPM实现依托的技术平台。

2.1.4 人工智能

人工智能（Artificial Intelligence）是相对人的自然智能而言，即用人工的方法和技术，模仿、延伸和扩展人的智能，实现某些"机器思维"。作为一门学科，人工智能研究智能行为的计算模型，研制具有感知、推理、学习、联想、决策等思维活动的计算系统，解决需要人类专家才能处理的复杂问题。

1956年，世界上第一次正式的AI会议在美国召开，John McCarthy等正式提出"Artificial Intelligence"这一术语，标志着人工智能的正式起步。人工智能研究的主要领域包括认知建模、知识表示、自动推理和机器学习。

人工智能的研究和应用虽然一直在不断推进，但限于计算机能力的局限，始终未获得较大的发展。直到进入21世纪，互联网的普及和大数据的兴起又一次将人工智能推向新的高峰。基于大数据、赛博空间（cyberspace）的知识自动化将开拓人类向人工智能进军，深度开发大数据和智力资源，深化农业和工业的智能革命。脑科学、认知科学、人工智能等学科交叉研究的智能科学将指引类脑计算的发展，实现人类水平的人工智能。

2.2 文献综述

本部分将对会计信息系统、系统建模方法和工作流管理系统的研究文献进行梳理和总结，以便进一步阐明研究工作的背景、定位和意义，为基于智能的会计信息系统的建立寻找充分的依据。

2.2.1 会计信息系统相关研究

本文对会计信息系统研究的回顾从传统会计信息系统开始。传统会计信息系统是指会计学鼻祖帕乔利所遗留于后世的复式记账簿记体系。该体系以组织经济业务发生时的原始凭证为起点，通过复式记账方法记录各财务要素的增减，以财务报表的生成为最终归宿。该体系到目前为止已存在了近500年，为世界各国所广泛使用，非常成熟。大约在20世纪60年代末，会计理论研究者开始全面反思传统会计信息系统的弊端，认为其存在5种弊端[①]：① 仅采集组织业务事件数据的一个子集——会计事项数据。② 数据并没有被实时记录和处理。③ 仅存储、处理会计事项的部分数据。传统会计系统并没有采集业务活动的全部数据，而只采集业务活动数据的一个子集——主要是会计事项的日期和其财务影响。④ 以高度汇总的方式重复采集、存储数据。⑤ 只存储能满足主要视图需要的数据。传统的会计未能存储数据以满足对业务活动的不同视图，它只是按照会计科目表来组织数据以编制财务报表。

在反思传统会计信息的同时，会计界开始构想和开发新的会计信息系统。主要的成果是提出了事项会计、数据库会计和REA会计的模型。

1. 事项会计模型

该模型最先由索特（Sorter）提出，后经约翰逊（Johnson）、布特

---

① 阿妮塔·S.霍兰德，埃里克·L.德纳，J.欧文·彻林顿. 现代会计信息系统（第2版）[M]. 杨周南，赵纳晖，陈翔，等译. 北京：经济科学出版社，1999.

沃斯（Butterworth）和维斯特兰（Westland）等人扩展和完善[1][2][3][4]。事项会计认为"事项"（Event）是指对一项活动（Action）特征的可行观察结果，主张将事项作为会计分类的最小单元，在日常核算中，对各项交易的事项进行存储、组织、传递和输出。它的具体观点包括：①传统财务会计是价值会计，以价值表现的会计数据一方面遗漏掉了很多有用的非货币性信息，另一方面夹杂了很多主观判断和加总计算，可靠性难以保证。应该舍去会计中的分配、递延、预计、摊销、汇总等多余的会计程序，将会计数据还原为以前的经济事项呈现给使用者；②经济活动的计量应该采取多种形式（如价值形式和非价值形式），以使会计数据既可服务于财务决策，也可服务于非财务决策；③向使用者提供原始的"信息材料"，由使用者自己根据需要将"材料"组建为"产品"，满足信息使用者的不同需求。

相对传统会计而言，事项会计大大简化了业务处理流程，提高了会计信息的及时性和准确性，不仅满足了信息使用者多样化、个性化的需求，而且在一定程度上减少了企业管理当局盈余管理的机会，提高了信息的透明度，解决了信息不对称的问题，实现了"受托责任观"与"决策有用观"的有机统一。但学者们也认识到事项会计的应用主要存在以下的问题：一是"信息超载"，即事项会计会产生极大的数据量，容易造成信息过载[5][6]；二是"可操作性差"，即当经济业务发生时，应收集哪些事项信息，以什么标准收集事项信息，没有可参考的

① Sorter GH. An "Events" Approach to Basic Accounting Theory ［J］. Accounting Review, 1969, 44（1）: 12 - 20.
② Johnson O. Toward an "Events" Theory of Accounting ［J］. Accounting Review, 1970, 45（4）: 641 - 654.
③ Butterworth JE. The Accounting System as an Information Function ［J］. Journal of Accounting Research, 1972, 10（1）: 1 - 27.
④ Westland CJ. Reporting strategies for 'events' accounting ［J］. Journal of Information Systems, 1992, 6（1）: 32 - 47.
⑤ Lawrence R. Data Expansion and Conceptual Structure ［J］. Accounting Review, 1970, 45（4）: 704 - 711.
⑥ 孙凡, 胡秋灵. "事项法"会计信息过载问题研究 ［J］. 山西财经大学学报, 2006, 28（4）: 137 - 140.

标准①。

2. 数据库会计模型

数据库会计的思想最早由戈茨（Goetz）②于1939年提出，最具代表性的概念当数"基本历史记录"或"基本货币记录"，其目的是以最原始的状态保存数据，以便按照最切合每一个用户需求的形式组织数据。20世纪60年代末数据库管理系统产生后，许多学者对此进行了深入的研究，主要的成果有三项：一是克兰特尼（Colantoni）等③提出了用货币与非货币特征对每个事项进行编码和用层次数据模型（树形结构）将通用会计科目表与已编码事项类型对应列示的方法。二是利伯曼（Lieberman）等④提出了一个事项会计信息系统的架构，其组成包括：①大容量数据库（MDB Mass database），包括以某种通用格式储存的所有事项的记录。该资料库采用树形结构，以特性矢量连接事项类型。②自定义结构（UDS User – defined structure），向每位使用者提供自身的事项概念架构（以及集成程度）。该结构不是固定的，可在任何时候进行动态修正。这一弹性使得每位使用者都能定义自己的数据资料库概念观。③自定义函数或运算（UDF User – defined functions），用于处理数据。使用者自行定义指令，以此实现对数据库中的数据操作。三是哈斯曼（Haseman）等⑤⑥设计了一个多维的会计系统，该系统实现了事项储存的多元化，能够满足多系统的数据查询需要。从这些研究成果可以看出，数据库会计为事项会计提供了支持。

按照数据库会计模型，用户由原来的被动接受会计信息的角色转变为按照自己的需求主动定制会计信息的角色。会计信息系统也从原来重

---

① 娄权. 价值法与事项法比较分析［J］. 四川会计, 2000 (12): 10 – 11.

② Goetz BE. What's wrong with accounting ［J］. Advanced Management, 1939, Fall: 151 – 157.

③ Colantoni CS, Manes RP, Whinston AB. A Unified Approach to the Theory of Accounting and Information Systems ［J］. Accounting Review, 1971, 46 (1): 90 – 103.

④ Lieberman AZ, Whinston AB. A Structuring of an Events – Accounting Information System ［J］. Accounting Review, 1975, 50 (2): 246 – 258.

⑤ Haseman WD, Whinston AB. Design of a Multidimensional Accounting System ［J］. Accounting Review, 1976, 51 (1): 65 – 79.

⑥ Haseman WD, Whinston AB. Introduction to Data Management ［M］. Richard D: Irwin, 1977.

视数据处理的局面中扭转过来，转向重数据和用户，真正成为满足大多数使用者决策需求的"数据基础设施"。虽然数据库会计认识到提供原始记录的重要性，但对以什么样的标准采用原始数据没有进一步的研究，直到麦卡锡（McCarthy）提出了 REA 会计模型，这个问题才算得到某种程度的解决。

3. REA 会计模型

针对传统会计信息系统不能支持非财务决策的弊端，美国 Michigan 州立大学会计学教授 McCarthy 在 1982 年提出了一个在共享数据环境下建立会计信息系统的一般框架——REA 会计模型[1]。在 McCarthy 提出 REA 会计模型后，学者 Geerts 等人和 McCarthy 合作，通过增加构件的方式，把 REA 会计模型的结构和概念不断地扩展，到目前为止，它的建模粒度向上扩展到企业价值链、向下深入到业务事件，成为一种企业信息体系结构（Enterprise Information Architecture）的概念模型[2][3][4][5][6][7]。20 世纪 90 年代 REA 会计模型在美国会计实务界受到相当关注。普华永道会计师事务所 1993 年对 REA 模型作了一定折中后建立了 Geneva 系统（该系统能在大型数据库中迅速获取数据），同年

---

[1] McCarthy WE. The REA accounting model: a generalized framework for accounting systems in a shared data environment [J]. Accounting Review, 1982, 57 (3): 554 – 578.

[2] Geerts GL, McCarthy WE. Modeling Business Enterprises as Value – Added Process Hierarchies with Resource – Event – Agent Object Templates [M]. Sutherland J, Patel D. Business Object Design and Implementation, Springer – Verlag, 1997: 94 – 113.

[3] Geerts GL, McCarthy WE. An accounting object infrastructure for knowledge – based enterprise models [J]. IEEE Expert Intelligent Systems and Their Applications, 1999, 14 (3): 89 – 95.

[4] Geerts GL, McCarthy WE. The ontological foundation of REA enterprise information systems [R]. Paper presented to the American Accounting Association Conference, Philadelphia, 2000.

[5] Geerts GL, McCarthy WE. Using object templates from the REA accounting model to engineer business processes and tasks [J]. Review of Business Information Systems, 2001: 89 – 108.

[6] Geerts GL, McCarthy WE. An ontological analysis of the economic primitives of the extended – REA enterprise information architecture [J]. International Journal of Accounting Information Systems, 2002, 3 (1): 1 – 16.

[7] Geerts GL, McCarthy WE. The ontological foundation of REA enterprise information systems [R]. Working Paper, The University of Delaware, Newark, 2005.

IBM 公司利用 REA 会计模型原理开发了 IBM 工资系统①。1994 年，Denna 和 Jasperson② 将 REA 会计模型应用到捕鱼、钢铁和石油生产领域中；同年 Grasbki 和 Marsh③ 利用 REA 模型和作业成本法整合会计和生产信息系统取得成功。1995 年，David④ 对造纸厂和纸浆厂通过实地考察，对 REA 和复式记账会计进行比较，发现在行政管理和生产率提高方面，REA 有明显优势。1999 年，Rockwell 和 McCarthy 把人工智能原理和 REA 模型结合起来，开发出诸如 REACH 和 CREASY 等模式驱动的概念建模工具⑤。2000 年，Geerts 和 McCarthy 在 CREASY 系统环境进行了知识管理应用研究。截至目前，REA 会计模型被联合国电子商务与贸易促进中心（UN/CEFAT）吸收为业务建模模型⑥，对象管理组织（OMG）集成至模型驱动体系结构（MDA）⑦。2004 年，REA 会计模型研究者成立国际 REA 技术工作组（International REA Technology Workshop）⑧，联络世界各地对 REA 会计感兴趣的学者交流 REA 系统最新实现方法、REA 本体研发情况和研究方向。

---

① Cherrington JO, McCarthy WE, Andros DP, et al. Event - drived business solutions: implementation experience and issues [R]. Proceedings of the Fourteenth International Conference on Information Systems, Orlando, FL, 1993.

② Denna EL, Jasperson J, Fong K, et al. Modeling conversion process events [J]. Journal of Information Systems. 1994, Spring: 43 - 54.

③ Grabski SV, Marsh RJ. Integrating accounting and manufacturing information systems: An ABC and REA - based approach [J]. Journal of Information Systems. 1994, Fall: 61 - 80.

④ David JS. An empirical analysis of REA accounting systems, productivity, and perceptions of competitive advantage [R]. Working paper, Arizona State University, 1995.

⑤ Rockwell SR, McCarthy WE. REACH: Automated Database Design Integrating First - Order Theories, Reconstructive Expertise, and Implementation Heuristics for Accounting Information Systems [J]. International Journal of Intelligent Systems in Accounting, Management, and Finance, 1999: 321 - 328.

⑥ Geerts GL, McCarthy WE. Augmented Intensional Reasoning in Knowledge - Based Accounting Systems [J]. Journal of Information Systems. 2000, 14 (2): 127 - 150.

⑦ Bergholtz M, Jayaweera P, Johannesson P, et al. Reconciling Physical, Communicative, and Social/Institutional Domains in Agent Oriented Information Systems - A Unified Framework [J]. Lecture Notes in Computer Science. 2003 (2814): 180 - 194.

⑧ Ellegaard BS, Winther J, Linvald B, et al. A Model Driven Architecture for REA based systems [C]. Proceedings of the Workshop on Model - Driven Architecture: Foundations and Applications. CTIT Technical Report TR - CTIT - 03 - 27, University of Twente, 2003.

2.2.2 系统建模方法相关研究

每个复杂的信息系统工程项目都是从建模开始的。设计者通过描述用户需求创建概念模型、数据模型和物理模型来描述系统结构，以便于全面地把握整个复杂的系统。

系统模型是对真实世界的抽象，是连接真实世界和仿真世界的桥梁。学术界从 20 世纪 90 年代初就开始了对概念建模的探讨，Mylopoulos[1]指出："概念建模是为理解和沟通的目的而形式化地描述周围客观和社会世界某些方面的活动。"Kilov 与 Ross[2]认为概念建模是"一种创建可理解、雅致的关于企业业务规则的说明及其过程。"美国国防部建模与仿真办公室（DMSO）对概念建模进行深入研究，在 1995 年 10 月，DMSO 在发布的"建模与仿真主计划"（DoD5000.59-P）[3][4]中就把任务空间概念模型（Conceptual Models of the Mission Space，CMMS）作为建模仿真技术框架[5]的三大技术之一。美国投入大量人力、物力研究概念模型，把概念模型作为软件重用的一种重要途径。

概念建模是一个知识获取与知识工程过程。概念建模方法是信息系统概念建模研究的核心，具有举足轻重的地位。在已有的研究中，相当部分是围绕概念建模方法进行的。按照 Wand 和 Weber[6]的观点，概念建模是"提供使用概念建模语法的程式，主要规定如何把对一个领域的观察结果映射到概念模型。"根据目前的文献分析，常用的概念建模

---

[1] Mylopoulos J. Conceptual modeling and telos [M] // Loucopoulos P, Zicari R. Conceptual modeling, databases, and case: an integrated view of information systems development. Wiley, New York, 1992: 49-68.

[2] H Kilov, J Ross. Information modeling: an object-oriented approach [M]. Prentice-Hall, Englewood Cliffs, N. J., 1994.

[3] H S Nwana. Software Agent: An Overview, Knowledge Engineering Review, 1997, 58 (2): 205-245.

[4] Val Dyke Parunak H. Agent-Based Modeling VS. Equation-Based Modeling: A Case Study and Users' Guide. Proceedings of First International Workshop, MABS' 98, Paris, France, July4-6, 1998.

[5] Jacques Ferber. Multi-Agent System-An Introduction to distributed artificial intelligence, Addison Wesley Longmnn, 1999.

[6] Wand Y, Weber R. Research Commentary: Information Systems and Conceptual Modeling-A Research Agenda. Information Systems Research, 2002, 13 (4): 363-376.

方法主要有[①]：①基于实体—关系（E-R）概念建模方法。实体—关系（ER）方法是 20 世纪 70 年代中期提出的概念建模方法，一直得到广泛采用。ER 方法较为适合静态模型的构建。②面向对象概念建模方法。将面向对象方法用于概念建模，是将概念映射为"类"和"对象"，只要找出"类"和"对象"并且建立"类"结构，就建立了概念模型。③基于本体概念建模方法。用本体论描述概念模型的过程实际上就是构建本体的过程，即抽象概念集，寻找概念之间的关系，并进一步确定相应的活动规则。④基于 UML 的概念建模。UML 是一种面向对象的语言，代表了先进的面向对象理论。它汲取了面向对象技术领域中的长处，包括非面向对象方法的影响。UML 符号考虑了各种方法和图形，删掉了易引起混乱的、多余的和很少使用的符号，也添加了一些新符号。⑤基于 XML 的概念建模。XML 是可扩展标记语言，它起源于 SGML，但没有 SGML 复杂，却继承了它的精华。XML 是 Web 上表示结构化信息的一种标准文本格式，可以提供构造网上知识库合适的体系结构。⑥基于 IDEF 的概念建模。IDEF 是在 20 世纪 70 年代提出的结构化分析方法基础上逐步发展起来的。源于美国空军制定的一体化计算机辅助制造计划。最初包括三个部分：IDEF0、IDEF1、IDEF2，目前已发展到 IDEF14。IDEF 在概念建模中主要用到的是 IDEF0 和 IDEF1。IDEF0 被用来定义功能模型，这个模型结构化描述了研究系统的活动以及处理进程。IDEF1X 是用来开发信息模型的，是语义数据模型化技术，它是在 P. P. S（Pter）Chen 实体联系模型化概念与 P. P.（Ted）Codd 关系理论基础上发展起来的。无论采取何种建模方法，概念建模的步骤基本一致[②]：第一步，收集数据，进行需求分析，抽象表示各类要素；第二步，由技术人员建立结构形式化描述模型；第三步，进行模型校核和验证，经过数据格式的转换存入到概念模型库。除概念建模以外，还有数据建模和物理建模，数据模型反映数据间的逻辑关系，通常包括层次模型、网状模型和关系模型等，物理建模要结合具体的设备和技术进行，

---

① 郭齐胜，董志明，李亮，等．系统建模与仿真［M］．北京：国防工业出版社，2007.
② Wagner G. Agent–Oriented Analysis and Design of Organizational Information Systems. In pPro. Of Fourth IEEE International Baltic WorkShop on Databases and Information Systems，Vilnius（Lithuania），May，2000.

这里不进行详细说明。

尽管建模方法有很多,但是对方法绩效的比较措施却非常少,分析人员通常只能选择一些流行的建模方法去使用,而并说不明这样做的理由。信息系统概念建模方法日益丰富和比较措施的严重缺乏导致了对建模方法进行实证比较研究的需求①。Wand 和 Weber②③ 以建模语法为突破点,通过比较语法中的构件和本体中的构件,评价建模方法的语义表达能力。其后,Gemino 和 Wand④ 以基于建模方法为基础的观点更进一步提出了建模方法实证比较研究框架。此外,Moody 从实用主义的观点出发,在 Davis⑤ 的信息技术验收模型(TAM)的基础之上提出了一个评价建模方法的新模型,命名为方法评价模型(MEM)⑥。该模型从建模方法的实际功效以及用户对建模方法的主观评价两个方面出发评价方法的成功度。与 Gemino、Wand 的框架不同的是 Moody 的方法评价模型注重实效以及用户评价,从实用角度评价概念建模方法,而 Gemino、Wand 的框架从建模理论的角度出发评价建模方法。Moody 的方法评价模型已被一些研究者所采用。总体上看,这几位学者所提出的评价框架或模型能为建模方法的研究提供必要的理论指导,对本书的研究也有较强的指导作用。

2.2.3 工作流管理系统的相关研究

工作流管理系统是用来进行业务过程的设计、分析、优化和自动化

---

① Gemino A, Wand Y. Evaluating modeling techniques based on models of learning [J], Communications of the ACM. 2003, 46 (10): 79 – 84.

② Wand Y, Weber R. An ontological analysis of some fundamental information system concepts [C]. Proceedings of the Ninth International Conference on Information Systems, Minneapolis, Minnesota, USA, 1988.

③ Wand Y, Weber R. An ontological model of an information system [J]. IEEE Transactions on Software Engineering, 1990, 16 (11): 1282 – 1292

④ Wand Y, Weber R. On the Ontological Expressiveness of Information Systems Analysis and Design Grammarism [J]. Journal of Information Systems. 1993 (3): 217 – 237.

⑤ Gemino A, Wand Y. A framework for empirical evaluation of conceptual modeling techniques [J]. Requirements Engineering, 2004, 9 (4): 248 – 260.

⑥ Davis FD. Perceived Usefulness, Perceived Ease – of – Use, and User Acceptance of Information Technology [J]. MIS Quarterly, 1989, 13 (3): 319 – 340.

运行的软件系统。它将业务过程逻辑同应用软件的运行过程分开，管理过程参与者之间的关系，集成内部过程资源和并监控过程的运行。工作流管理的概念最早是在 20 世纪 70 年代提出来的，Zisman 于 1977 年在他的博士学位毕业论文《办公过程的表示、定义及自动化》中描述了工作流管理的思想，同一时期以 Ellis 为首的另一组研究人员则在 Xerox PARC 开始"办公自动化系统"的研发[1]。1990 年后，随着信息技术和流程管理技术的飞速发展，工作流管理系统（WfMS）被开始作为企业信息系统的标准组件。在经历 40 多年的发展之后，工作流管理系统的研究内容集中在了理论和实施两个方面。具体而言，理论研究主要包括：过程建模理论与方法；模型验证与仿真方法；分布环境下的资源协调和调度优化；过程模型与其他模型的优化等。在实施方面的研究则主要包括：分布式工作流机实施问题研究；异常和错误处理问题研究；事务管理概念研究；应用集成问题研究[2]。

工作流管理系统重要的研究成果主要集中在以下四个方面：

（1）工作流建模方法的研究。工作流管理系统首要解决的问题就是工作流模型的抽象与表示，已有的研究对建模方法及模型验证进行了大量的工作，并产生了很多方法。具有代表性的主要包括：①Winograd 与 Flore 在语言行为理论基础上提出的基于对话工作流模型，又叫会话模型[3][4]。IBM 公司的 Lotus Domina Notes 就是用基于通信的方法构建以电子邮件平台作为工作流活动的运行环境来实现工作流建模的；②Ellis 和 Nutt 基于 Petri 网提出的 ICN（Information Control Nets，信息控制网）模型[5]。③Gepper 等提出的采用 ECA（Event – Condition – Ac-

---

[1] Wil van der Aalst，Kees van Hee. 工作流管理 模型、方法和系统 [M]. 王建民，闻立杰，等译. 北京：清华大学出版社，2004.

[2] 张一江. 煤炭运销工作流管理系统的设计与实现 [D]. 复旦大学，2008.

[3] D. GeorgakoPoulos，M. Homiek，A. Sheth，An overview of workflow Management：From Process Modeling to Workflow Automation Infrastructure，International Journal on Distributed and Parallel Database，1995（3）：119 – 153.

[4] Leymann F.，A. Itenhuber W. Managing business processes as an Information resouree. IBM Systems Journal，1994，33（2）：326 – 348.

[5] Ellis C. A.，Nutt G. J. Modeling and enactment of workflow systems. In：Marsan Aed Application and Theory of Petri Nets. Lecture Notes in Computer Science，1993（3）：16.

tion，事件—条件—动作）规则描述代理行为的代理服务模型①。④Davulcu 等用并发事务逻辑 CTR（Concurrent Transaction Logic）描述和分析业务过程②；⑤WIDE（Workflow on Intelligent and Distributed Database Environment）提出组织模型、信息模型与过程模型组合的工作流模型③。除此之外还有超媒体结构方法、集合论和图论方法、状态—实体—活动模型等工作流建模方法④。

（2）工作流描述语言的研究。其主要包括 WfMC 提出的工作流描述语言 WPDL（Workflow Process Definition Language，工作流过程定义语言）和 XML 过程描述语言 XPDL[65]（XML Process Definition Language，XML 过程定义语言）；NIST 提出的过程定义语言 PSL[66]（Process Specification Language）以及融合了 Microsoft 的 XLANG 和 IBM 的 WSFL（Web Services Flow Language，Web 服务流语言）优势形成的 BPEL（Business Process Execution Language，业务过程执行语言）等⑤。

（3）工作流管理系统参考模型的研究。为了实现工作流技术的标准化、开放性，优化工作流管理系统与其他应用系统之间的集成能力，工作流管理联盟（Workflow Management Coalition，WfMC）提出了工作流管理系统体系结构的参考元模型，该模型中规范了功能各组成部件及其接口。

（4）工作流管理系统实施框架研究。其内容主要包括基于 Lotus Notes 软件、基于 CORBA、Web、J2EE、Grid（网格）等分布式体系架

---

① Geppert A., Tombros D., Dittrieh K. R. Defining the semantics of reactive components in event driven workflow execution with event histories. Information Systems，1998，23（34）：235 - 252.

② Davulcu H., Kifer M., Ramakrishnan C., et al. Logic bashed modeling and analysis of workflows. In：Proceedings of the ACM Symposium in PODS，98，Seattle，USA，1998（3）：25 - 33.

③ Casati F., Grefen P., Pemiei B. et al. WIDE：workflow model and architecture. Technical Report，University of Twente，1996（8）：22 - 56.

④ 李红臣，史美林. 工作流模型及其形式化描述［J］. 计算机学报，2003，26（11）：1456 - 1463.

⑤ Workflow Management Coalition Standard. Workflow Process Definition Interface - XML Process Definition Language［J］. Document Number WFMC - TC - 1025 Document Status - 1.0 Oetober25，2002.

构；基于消息队列、基于可移动代理、基于主动数据库和基于高级和扩展事务模型的实施框架①。

2.2.4 智能会计信息系统的兴起

虽然现在的会计信息系统还不能称之为智能信息系统，但在一些系统中已经得到初步的应用，如一些系统主要采用企业动态建模方式构建模型，常用的建模语言有 UML、事件驱动过程链（EPC）、Petri 网等。在应用层面，智能系统已经逐渐开始应用到企业管理信息系统领域，如金融、银行和保险等。同时，在 CRM、ERP 等领域中也有应用。国内外一些著名的厂商也纷纷开始类似的探索，虽然它们还不是智能化信息系统，但已经具备了初步的流程管理功能和流程控制、执行能力。典型代表有：

1. 用友 UAP②

用友 UAP 以一个统一的集成中间件的形式实现了平台化应用集成。具体包括基于 Portal 的界面整合；建立数据仓库、使用 ETL 进行数据整合；展现工具整合，客户端的整合，办公系统整合，与其业务系统整合，与公共网站整合，基于 SOA 的服务整合，BI 的整合。

用友标准产品结合 UAP 定制开发，随时进行商业模式的创新和行业特性的管理落地。UAP 开发平台是模型驱动开发模式的集成开发平台，覆盖了模型构建、代码开发、运行调试等整个开发过程。UAP 开发平台支持对产品进行全面的建模，包括实体、服务、流程、界面、报表、查询、打印和组装模型。UAP 提供了用于满足用户个性化需求的工具，让用户可以在实施阶段或系统运行一段时间后对产品进行一定的个性化的定制。用户可以使用个性化工具对系统的菜单和表单进行个性化定制。

2. 金蝶 BOS③

金蝶 BOS 是金蝶 ERP 的集成与应用平台。金蝶 BOS 遵循面向服

---

① 柯飞帆. 面向分布应用的工作流管理系统研究与实现［D］. 南京航空航天大学，2006.
② 相关资料参考用友官方网站（http：//www. ufida. com. cn）。
③ 相关资料参考金蝶官方网站（http：//www. kingdee. com）。

务的架构体系,是一个面向业务的可视化开发平台,是一个金蝶ERP和第三方应用集成的技术平台。金蝶BOS确保了企业ERP应用中的个性化需求的完美实现。基于金蝶BOS的金蝶ERP可以为不同行业不同发展阶段的企业构建灵活的、可扩展的、全面集成的整体解决方案。

金蝶BOS包括四个组成部分,分别是信息门户、业务流程、业务服务、基础平台。可以有效解决ERP日益增加的应用复杂度和快速开发/实施的矛盾,为客户提供与金蝶ERP集成的、可升级的、高效的、简单易用的开发工具,满足企业发展与变化的应用需要。

3. SAP S/4 HANA

SAP S/4 HANA作为新一代商务套件,跳脱传统ERP,助力客户在数字化时代加速实现卓越运营。企业可以利用内存计算、物联网、人工智能、大数据实现人、设备和业务网络的实时互联,重构业务模式,为客户创造更多价值。无论采用本地部署,还是公有云部署模式,或者混合云部署,都可以实现实时的计划、执行、预测和模拟,为企业决策提供有力支持。SAP S/4 HANA是完全基于高性能内存计算平台SAP HANA的全新产品。S代表Simple,4代表第四代,因为它利用新的用户体验技术(SAP Fiori)和内存处理和数据库技术(SAP HANA),以及引入了一个新的引导配置的概念。从部署和应用两个方面精简ERP,以适应移动和工业4.0时代的企业运营。它可以帮助企业智能化的配置企业流程,提高企业管理效率。

上述厂商均把工作流管理的方法融入软件平台中,并提供可视化的流程定义工具帮助客户快速构建适合企业需求的过程模型,从一定程度上初步具备了智能的能力,但尚不具备流程的自主优化能力和过程模型的动态迁移能力。为此,相关企业正积极进行相关研究,提高软件的柔性和智能化程度,构建智能化信息系统。

综上所述,智能方法及其在会计信息系统中的引入已经具备在需求、方法、工具和前期应用的基础,在可预见的未来,它将成为构建会计信息系统的基本方法。

2.3　小结

系统论、信息论和控制论是构建信息系统的基础理论基础，智能的信息系统也不例外，对"老三论"的回顾和研究有助于对信息系统的深刻认识。同时，随着业务流程重组概念的兴起，业务管理经历了流程改进、流程重组、流程管理和流程治理的发展阶段，它们也是构建智能会计信息系统的理论基础和指导原则。

在文献回顾方面，则侧重于会计信息系统相关研究、系统建模方法相关研究和工作流管理系统的相关研究。为进一步把握会计信息系统的构建规律，本书还着重回顾了会计信息系统的建模方法的发展以及其对会计信息系统的影响。对系统建模方法的梳理和回顾，有助于了解智能信息系统建模的方法和规律。本书认为围绕流程模型构建是智能会计信息系统的核心技术。

第3章 IT 技术对会计的影响

会计信息系统的诞生是 IT 技术和会计相互融合的产物，IT 技术对会计的影响是推动会计信息系统应用和研究的直接动力。一般认为，IT 技术对会计的影响体现在三个层面：一是技术本身的内在逻辑扩展，体现为信息技术在会计中的直接应用；二是微观会计管理活动的扩张逻辑，体现在企业管理时空范围的扩展和组织结构的影响；三是经济管理行为模式、文化思想的扩张逻辑，体现在商业模式、经济行为、资源配置、文化行为模式的改变。本章以 IT 技术发展和其在会计中的应用为主线，分析会计信息系统的发展演变过程，并进一步阐述 IT 技术对会计在理论和实务方面的影响。

3.1 会计信息系统的发展

会计信息系统是会计在信息技术上的映射，IT 技术对会计的影响集中表现在会计信息系统上。IT 对会计的影响直接体现在会计信息系统的演变过程中。

3.1.1 我国会计信息系统的发展历程

1979 年，财政部拨款 500 万元在长春第一汽车制造厂进行计算机在会计中的应用试点工作,被认为是我国会计信息系统应用的开端。其后的40年间,会计信息系统的发展大体经历了会计电算化、会计网络化和会计信息化三个阶段。

1. 以替代手工账为目标的会计电算化发展阶段

我国会计电算化工作起始于20世纪70年代末,1981年8月,在财政部、原第一机械工业部、中国会计学会的支持下,在长春第一汽车制造厂召开了"财务、会计、成本应用电子计算机专题学术研讨会",会上正式把"电子计算机在会计中的应用"简称为"会计电算化"。至此,"会计电算化"一词被广泛应用和流传。

所谓会计电算化是指将计算机引入到会计工作中来,利用计算机系统高速的数据处理能力,完成算账、记账和报账等任务,并对会计信息进行加工、分析、判断等。会计电算化的目标在于降低会计人员的工作强度,替代手工账,将会计人员从繁重的登账、转账、核算等工作中解放出来,提高处理速度的同时,提高了数据处理的准确性。这一概念的提出是于当时的计算机发展水平相适应的,也是从企业管理的实际需求出发的。会计电算化的出现,特别是商品化会计软件的出现,将先进的工具引入了会计工作,提高了数据处理的效率。同时,电算化软件也成为企业管理信息系统中较早引入、较早成熟的信息系统,为企业管理信息化奠定了坚实的基础。

在1983年至1988年这段时间,由于经济体制改革的不断深化,企业领导认识到企业管理工作特别是会计工作的重要性,会计电算化的行政推广力度比较大,电子计算机在会计领域得以迅速发展,会计部门的计算机数量快速增长。1988年3月,财政部调查统计,已有14%的单位开展会计电算化工作。尽管这一时期会计电算化工作取得很大的进步,但是存在一些问题:理论准备和人才培养不能适应发展需要,软件不能适应单位的要求,管理工作滞后;使用单位各自为战,闭门造车,盲目重复开发,浪费人力、物力和财力。

1988年以后全国相继出现了以开发经营会计核算软件为主的专业公司,如用友公司、金蝶公司等几百家。他们在财政部及有关部门的支持下,业务发展较快,开启了我国会计电算化软件的商品化推广阶段,在这个阶段,除一些大企业自主开发外,许多中小企业、政府机关、学校等单位相继购买通用的财务软件，使用效果较好，并替代了手工账。在会计核算软件进入专业化开发、商品化推广阶段的同时，对会计电算化工作的管理也逐渐规范化。1989年12月财政部颁布了《会计核算软件管理的几项规定（试行）》，1990年7月财政部颁布了《会计核算软件评审问题的补充规定（试行）》，初步确定了我国会计电算化管理的框架。

2. 以实现财务业务一体化为目标的会计工作网络化阶段

随着网络技术的出现，会计电算化的弊端也逐渐显露出来，主要表现在：

第一，会计电算化方式下，只是对手工系统的简单模拟。会计电算化的出现并没有对会计工作流程、会计管理模式做出根本性改进，它只是实现了某个计算过程的加速。既没有发挥出计算机系统的优势，也没有改进会计信息的质量，更谈不上提高企业的管理水平。

第二，会计电算化造成了企业内部的信息"孤岛"。电算化方式下，财务数据与业务信息无法实现共享，会计软件独立于其他系统而存在，无法实现和其他信息系统的数据共享，数据交换过程仍然以手工方式进行。一方面，造成了数据在不同系统中的不一致，这种不一致包括两层含义，一是时间上的不一致，二是空间上的不一致；另一方面，也产生大量的数据冗余。为企业的决策带来不利的影响。

第三，这种方式造成了信息系统的投入和产出比例的不协调。企业为了维持会计电算化系统的运行，需要投入大量的成本，包括硬件、软件的购买，人员的培训、系统转换、系统维护，同时信息系统的使用并没有给企业的会计信息处理带来多么大的收益。

随着计算机网络化水平的提高，会计信息系统也从单机方式运行的会计电算化方式向会计网络化阶段过渡。

所谓会计网络化是指将会计工作通过计算机网络连接为一个有机的整体，实现数据在业务系统和财务系统的协同和共享，进一步提高信息处理的效率。

在这种模式下，借助于网络实现了数据在不同子系统间的网络传递。其突出特点是通过网络将会计工作的各个环节组织在一起，实现数据在不同子系统之间的网络传递。

但这一模式的缺点在于：①各子系统在设计时，仅仅考虑了会计部门信息的需求，而并没有将管理重点放在业务本身，用户在使用时往往觉得无所适从，既不能很好地满足业务部门业务处理的要求，也不能完全满足财务部门的信息需求。②虽然通过网络将各个子系统的数据联系在一起，但并没有改变传统的核算流程和数据处理过程，只是将原来手工传递的数据转变为网络传递，各子系统之间较少产生数据上的关联和参照，使用户很难发现数据之间的错误。③缺乏基于网络环境的管理思想的渗透，仍停留在手工处理的思路上。

3. 以实现会计信息资源整合为目标的会计信息化发展阶段

会计信息化是在网络技术日新月异和企业管理水平适应市场经济不断发展变化的综合作用的产物，是从最初的电算化会计、会计工作网络化的基础上逐渐演变和发展的。所谓会计信息化是指基于现代信息技术平台，融物流、资金流和信息流为一体的，高效、实时、综合反映会计信息的信息处理系统。会计信息化的核心含义在于结合现代信息技术对传统会计进行重组，并据以建立开放的会计信息系统。该系统将全面运用现代信息技术，使业务处理高度自动化，信息高度共享，能够主动和实时报告会计信息。会计信息化使企业组织内人人都可能成为信息的处理者和使用者，并通过网络系统接受企业组织外部及信息使用者的监督。

如前所述，会计信息化是在20世纪90年代末随着会计界对ERP以及会计电算化认识不断加深而提出并被迅速而广泛采用的概念。按照杨周南教授所给的定义，它是指在会计行业和组织或企业会计活动中普遍采用现代信息技术、有效开发和利用会计信息资源，使会计信息资源成为全社会的共享财富，以推动会计信息资源产业发展的历史过程。会计信息化具有以下基本特征：①会计与信息技术融合；②会计业务流程再造；③会计信息资源在信息技术环境下的增值。

3.1.2　国外会计信息系统的发展历程

国外没有"会计信息化"的专门叫法，他们一般将现代信息技术与会计的融合称为"基于计算机的会计信息系统（Computer-Based Accounting Information System）"、"数据库会计（Database Accounting）"、

"REA 会计（Resource – Event – Agent Accounting）"等。其发展经历了四个阶段。

1. 单项处理阶段

电子计算机诞生于20世纪40年代，开始主要应用于科技，以后逐步进入管理领域。1954年，美国通用电器公司首次利用计算机计算工资，开创了利用计算机处理会计数据的新纪元。其后在会计中代替手工操作成批处理数据，其基本特征是：程序和数据相互不独立，数据量大、无数据管理功能，数据依赖于程序，主要完成某一方面工作，如工资核算、材料核算等。

2. 综合处理阶段

20世纪60年代中期到70年代初进入实施处理阶段，利用计算机对某一会计子系统进行核算。其基本特征是：针对某一会计子系统进行较为综合的数据处理，程序已构成一个子系统，以文件方式管理数据，数据与程序有一定的相互独立性，使用比较灵活。如材料管理等。以上阶段称为电子数据处理阶段。

3. 管理信息系统处理阶段

20世纪70年代以后进入管理信息系统处理阶段，逐步实现了经济信息的综合化、系统化，形成了计算机的管理信息系统。会计信息系统作为企业管理一个系统成为整个管理信息系统的有机组成部分，共享系统的资源。从处理方式上，使用了数据库管理系统，实现了应用程序与数据互相独立，运行效率高、数据冗余度小。另外，产生了局域网系统，能将分散在企业各部门的计算机和各主要设备联系起来，实现远距离的数据传递和通信。其基本特征是：以文件或数据库作为软件的支持，数据共享性提高，容量大。

4. 决策支持系统处理阶段

20世纪80年代开始进入决策支持技术处理阶段，在数据处理方式上实现了完整的数据管理系统，建立了经济数学模型库，能提供高层次的决策方案和决策信息。在处理方式上，应用程序和数据均有最大的独立性，数据冗余度最小，出现了分布网络系统。其基本特征是：数据的冗余度最小，并可以无限扩张，建立网络构造及终端。

从发展阶段的内容可知，第一、第二阶段居于电子数据处理阶段，发展到第三阶段才是真正意义上的会计信息化。在第四阶段，会计信息化的功能有了很大的扩充，它可以为决策提供信息资料和方案，这是会计信息化的发展趋势。

3.2 IT 技术对会计实务的影响

IT 技术对会计的影响首先是从实务开始的，在实务层面，IT 技术对会计的影响主要体现四个方面。

3.2.1 IT 对会计业务流程的影响

IT 技术对于会计业务流程影响主要体现在三个方面。

1. 效率提升

IT 技术带给会计业务流程的主要影响是效率提升，包括数据采集效率、数据处理效率、数据存储效率、数据披露效率、数据鉴证效率等。IT 技术能力包括计算能力、存储能力、网络传输能力的持续提升，其使得会计业务流程不断加速，大大提高了会计数据处理和加工的时效性。同时，传统的以数据处理为主要内容的业务流程环节被计算机替代，业务流程中的环节大大减少。此外，借助于云计算、大数据方式，可以实现对分布式数据的高效处理，进一步提升了会计业务流程效率。

2. 管控强化

网络技术的成熟应用，使得企业内部机构的沟通和外部相关利益者的协同能力得到加强，业务流程的链条也随之不断延伸。从企业内部相关部门，到集团企业，再到价值链，企业管控的时空范围不断扩展。同时，随着开发和应用技术的成熟，内部控制、审计线索逐渐被内嵌入会计信息系统，基于 ISCA 模型①的会计信息系统得到大量应用。从空间范围上看，会计信息系统的应用已经超出了企业的边界，逐步形成和外

---

① 杨周南（2003）提出基于 ISCA（Information System，Control and Auditing），目的在于建立事件驱动的、集成会计信息处理、内部控制和审计职能的会计信息系统。目前的企业实践也已经证明了该模型具有较强的适用性。

部衔接紧密的信息系统;从业务范围上看,随着预算管理、资金管理、合并报表等应用系统的使用,会计信息系统的管控能力得到加强。

3. 流程融合

会计信息系统的产生本身就是会计与 IT 技术相融合的产物,会计信息系统的发展历程就是一个不断融合与创变的过程。在会计电算化阶段,会计信息系统以模拟手工方式实现会计业务流程在信息技术上的映射;随着 ERP 系统的应用,会计信息系统与业务系统实现集成,并伴随着 SCM、CRM 等系统的应用,实现了向企业外部价值链的延伸,业务和财务逐渐连接并融合成一个整体;随着互联网技术的成熟,会计系统实现了在时空范围上的整合和连接,企业可以突破物理空间的限制,实现资源在信息系统中逻辑上的整合和统一配置,原本割裂的信息流和业务流逐渐融合在一起,信息采集、加工、处理、传递过程与管理活动中的分析、预测、决策、控制过程相互渗透,表现在会计层面,则是管理会计和财务会计的融合。伴随着大数据、云计算和区块链等技术的应用,会计信息系统的管控链条再次延伸,实现与企业相关利益者、与政府监管部门的衔接,企业可以在社会化的层面进行资源配置和整合,会计与宏观经济的联系日趋紧密。而智能技术的应用,则改变了会计信息系统的构建逻辑,会计信息系统不再是一个单纯的人机对话系统,而逐渐转化为人机共生系统。人、数据、软件在一个系统中协同运转,共同支持企业管理活动的开展;与此同时,信息化环境下,新的生产要素的加入也改变了会计信息系统的处理对象,会计信息系统不再是一个单纯的信息加工和输出系统,而是逐渐转变成一个企业管理活动的协调、控制协同系统。会计也伴随着会计信息系统在信息技术的支持下成为企业管理活动中活跃的组成部分。

3.2.2 IT 对会计组织结构的影响

组织是为达成某一目标而协同工作的集合体,会计组织是企业承担相关会计职责并达成会计工作目标的载体。近年来,伴随着信息技术的深入应用,企业会计组织特别是集团企业会计组织形态正在发生着深刻的变化,而变化背后折射的是会计应用的发展趋势。因此,通过对企业会计组织形态的研究,不仅可以帮助企业建立科学高效的会计组织,而且也有助于摸清会计自身发展规律,丰富会计相关理论研究。

组织是社会化生产、专业化分工的产物,关于组织理论的研究也先后经历了传统组织理论、行为科学组织理论和系统管理理论三个阶段。关于组织的研究也从最初对组织方式、授权、制度建设的研究逐步转向了对组织目标、人、行为方式关系的研究。一般认为,信息技术对会计的影响体现在三个依次递进的层级:一是对会计工作技术本身的改进,工具的先进必然带来工作方式、工作效率的提升;二是技术影响带来的工作内容和工作范围的扩展,表现在会计工作中则是会计工作的空间范围和时间范围的扩展;三是对会计行为方式和会计文化的影响,随之带来的则是会计组织形态的变化。信息化给会计组织的目标、价值系统、组织结构、组织文化带来了深刻的影响。

1. 信息化环境下集团企业会计组织形态演进路径回顾

组织形态是组织的外在表现,通过对组织形态的研究可以进一步梳理组织的发展脉络和会计发展的内在规律。以集团企业会计组织为观测对象,我们不难发现在信息化的推动下,会计组织形态的演进路径。

(1) 分散组织。在会计电算化初期,手工记账、算账、报账过程被计算机替代,中间会计核算岗位层次减少,在部门内部出现扁平化现象。但会计部门和相关职能仍然分散于各分支机构,会计组织的主要职能仍然是会计数据的加工和处理以及传统货币资金的管理。

(2) 集中化组织。随着网络技术在会计工作中的应用,集中化组织逐渐在集团企业中得到应用。会计组织的集中化是一个渐进的过程,大体经历了支付集中、数据集中、核算集中等阶段。集团企业会计组织集中的最初需求来自于对资金的集中管控,集中管控的模式则是以报账中心或结算中心的形式存在。在电子化支付相对不成熟的背景下,报账中心或结算中心大多采用了半自动化半人工的方式进行,只是将支付控制流程集中于集团总部,并未对分支机构的核算流程和财务管理带来深刻影响。随着B/S架构的会计软件的应用成熟,越来越多的集团企业开始实现账套数据集中管理,即:各分支机构通过远程访问的形式仍然独立进行各自的核算任务,但数据和账套维护和管理由集团总部承担。随着互联网应用的进一步成熟,集中核算开始逐渐成为主流。集中核算实际上是集团和分支机构分工协作完成会计工作的一种组织形态。借助于互联网技术，集团总部负责核算规则的制订、数据管理、报表生成等任务，各分支机构负责具体会计业务的处理和会计档案的维护。集团企业采用统一的会计政策，并通过规则的刚性预置保证集团上下级之间核算的一致性。

核算组织的集中化代表了信息化环境下组织流程变迁的基本规律，按照业务流程重组（Business Process Reengineering，BPR）的观点，在信息系统的支持下，将物理上分布于不同位置的资源在逻辑上按照同一资源进行管理。集中化管理带来了集团企业财务管控能力的加强，同时在组织结构上，集团总部集中了越来越多的资源、职责和岗位，各分支机构保留了会计组织，但职责和岗位削减较多。

（3）共享化组织。在以云计算为代表的新IT技术的支持下，会计组织共享化的趋势逐渐强化。会计共享化的核心在于将分散在各分支机构的共性化会计职能集中到共享中心，并按照大规模专业化分工的方式对会计业务流程进行工业化再造。共享组织的出现进一步降低了会计业务处理的成本，并增强了会计组织对集团企业战略扩展的支持力度。在共享化会计组织中，传统的会计核算业务将不再分支机构中保留，共享中心直接为业务单元提供会计服务，并按照服务水平协议收取费用。在我国，由于大部分会计共享组织从属于集团企业，会计共享的服务特征并未得到充分体现，相反，借助于共享中心实现集团管控成为众多集团企业，特别是大型国有企业成立共享中心的主要目标。

会计组织的共享化打破了传统的科层制组织结构下会计部门从属于业务机构的局面，会计组织成为一条独立的业务线开始发挥对企业战略、经营管理、核算监督的支持作用，并从传统的费用中心转变为利润中心。

（4）众包化组织。会计众包虽然还没有成为会计组织的主流模式，但已经开始发挥对会计组织形态演变的示范效应。会计众包本质上是将集中于共享中心的业务经极致拆分后，以众包的形式转交给互联网上的专业人员，并由他们以碎片化的方式进行处理，再交回众包平台进行整合形成会计报表及相关成果。

众包组织的出现进一步发挥了互联网环境下的资源积聚效应，并将会计业务处理的边际成本降到极低，但局限于目前的智能化技术成熟度的欠缺，众包业务主要服务于企业的高频重复性简单业务，尚未对企业会计核心流程产生影响。

由上可知，信息化技术对会计组织形态的变迁本质上是会计组织资源重新配置的过程，从分散到集中，再到共享和众包，会计组织资源实际上是一个从单体作业到规模效应再到边际成本优化的过程。这一变化趋势不仅带来了企业会计组织形态的变化，而且也给企业会计工作带来了深刻变革，并进一步影响了会计理论研究和学科发展。

2. 信息化环境下会计组织形态演变的一般规律

通过对会计组织形态的演变的观察，我们不难发现推动会计组织形态变化的一般规律主要体现在四个方面。

（1）追求会计业务处理边际收益最大化。会计组织作为企业管理活动的承担者之一，一直在追求组织边际收益的最大化，即：如何以最小的组织成本获得最大的收益。在传统的观念中，会计组织并不能直接创造收益，所以扩大边际收益的最佳途径就是降低成本。而在前文所述的会计组织形态的演变过程中这一特征得到充分体现。企业恰恰是将不重要的高频业务通过规模化集中并进一步采取外包或众包的方式逐步降低会计业务处理成本的。

按照会计业务流程的重要程度和发生频率，可以建立会计业务流程的分析矩阵，如图3-1所示。

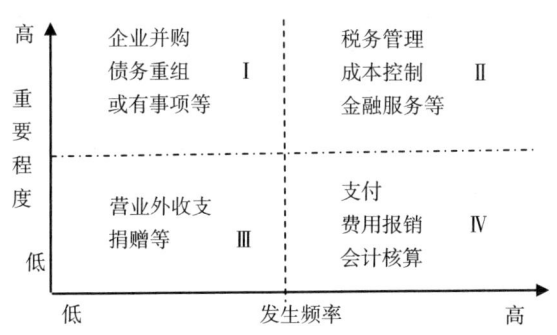

图3-1　会计业务流程矩阵

按照这一矩阵，首先被用于共享或外包（众包）的是业务发生频率高、重要程度低的业务（位于第四象限），这类业务的特征是耗用大量的人力物力，但对企业的战略决策和经营管理影响程度低，因此可以尽可能地通过规模化集中或外包方式降低成本。随着信息化程度的提高和智能化技术的应用，原先位于其他象限的业务会逐渐向第四象限靠拢，表现在会计组织中则是越来越多的业务向共享方式或众包方式靠拢，共享中心或众包平台承担了更多的会计职责。

（2）会计组织的专业化分工更加明显。在追求规模效应的动力驱动下，会计组织专业化分工的趋势更加明显。如早期的会计部门主要是指财务部或会计部，其后，一些集团企业开始延伸出结算中心、核算中心等服务性机构，再后，内设于企业的财务公司、租赁公司、担保公司等开始出现，再到近年来出现的共享中心，甚至按照专业化分工方式组建的多共享中心模式等。原本的会计部门裂变成众多的承担会计职能的组织，各组织间相互协同并彼此独立。同时，这些机构也越来越多的以独立法人的形式出现，标志着会计组织开始从费用中心向利润中心的转变。

（3）会计组织职能的外部化。为追求专业化分工带来的收益最大化，越来越多的企业开始将会计业务逐步外包或委托独立运行的共享服务中心来管理，传统的会计职能开始出现外部化趋势。所谓外部化是指将传统的会计职能通过外包或委托独立运行的服务机构来执行。企业通过外部化降低成本，而承担外部化职能的机构则必须通过规模化效应来获得超额收益。

（4）会计组织去中心化。传统的会计组织是企业的核心管理部门，在传统的以科层制为核心的管理体制中，形成了围绕中心组织进行指挥、控制的管理体制。对于集团企业而言，集团会计部门则是整个集团会计组织的中心节点，它不仅负责相关会计政策和制度的制定，而且对整个集团的会计工作质量进行监管。但随着专业化分工和会计组织职能的外部化，核心会计部门的权限和职责正在被逐渐削弱，并呈现出去中心化状态。

3. 信息化环境下会计组织的再造

那么，在信息化环境下会计组织应该如何发挥其作用？其有效的组织形态又应是什么样的呢？按照组织的一般理论，组织再造需要从组织目标、组织功能、组织结构、组织文化四个方面入手展开研究。

（1）信息化环境下的会计组织目标。会计组织的目标应该于企业

目标保持一致。企业目标是价值最大化,因此,会计组织的目标是保证企业价值最大化目标的实现。会计组织的目标不仅在于帮助企业创造价值,同时也必须承担解释价值形成和确定价值分配的职责。由于会计社会化属性的存在,传统的会计组织主要围绕披露价值信息以解脱企业管理层受托责任展开,会计工作的主要任务是向企业的相关利益者投资人、债权人、政府、监管部门、往来客户、内部员工提供会计信息,会计部门的主要工作集中在会计数据的采集、加工、交换和披露上,在信息化背景下,这些过程被信息系统所取代,并能够通过多维信息和综合报告的提供改善会计信息质量,会计组织的目标更多地转向帮助企业创造价值上来。价值创造体现在两个方面,一是通过有效的管理和筹划,提高企业管理效率,降低企业管理成本,间接为企业创造价值;二是不再将货币作为经济活动的从属物,而是将货币作为创造价值的源泉和资源。表现在会计组织的特征上,则是会计组织发展的两个趋势,一是会计组织和业务组织的融合;二是会计组织向金融化方向的延伸和扩展。伴随着财务业务一体化进程的加速,原先归属于会计组织的职能逐渐向业务组织渗透,会计组织越来越多地参与到业务部门的规划、管理、统计、考核等活动中,并更多地参与对企业战略的支持,会计组织逐步向管理会计转型。同时,越来越多的集团企业关注于资金价值创造活动,通过资金池、票据池、投融资管理、融资租赁、担保保险等活动直接为企业创造价值。

(2)信息化环境下的会计组织功能。根据会计组织的目标,信息化环境下会计组织的功能也在发生变化。会计的基本职能是反映和监督,传统的会计组织功能定位也主要体现在这两个方面。但随着会计组织目标向价值创造的转变,会计组织的功能也逐步向资源配置和优化转变。企业的资源配置过程是一个包括"数据搜集—分析—决策—执行—反馈"的循环迭代过程,在工具和管理能力相对落后的情况下,企业不得不将信息加工、分析过程独立出来,从而保证信息处理过程的公允,但在信息化环境下,企业资源配置的链条得到加速,会计信息的加工过程逐步被计算机系统取代,信息的公允可靠通过技术层面的信息鉴证而提高。会计组织的功能逐步实现了向资源配置的转移。

(3)信息化环境下的会计组织结构。在经历了扁平化和去中心化的过程之后，信息化环境下的会计组织结构将呈现出网状结构的特征。所谓网状结构有以下三层含义：第一，网状结构中各节点之间是对等关系。更类似于互联网环境下的端到端关系（P2P, Peer to Peer），各节点具有相对独立的职能，企业各职能之间相对平等。传统的会计组织职能被赋予到多个独立法人或利润中心上，他们之间平等独立地开展各自的业务。第二，网状结构的各节点之间是协同关系。网状结构的各节点之间由于不再有中心节点，各节点之间的工作将摆脱传统的"指挥—控制—监督—评价"的管理模式，而是采用协同的方式展开。各节点之间的连接通过"契约＋服务"的方式进行组织。所谓契约是指在个节点之间达成的合作协议，是在共同的价值观引导下达成的为企业目标实现而形成的共识，并以合约的形式固化下来。所谓服务则是指个节点之间通过彼此提供服务连接成统一的价值共同体，共同支持企业会计工作的开展。第三，网络结构代表着更大的开放性和稳定性。开放性意味着企业的会计组织将不再是一个封闭的、固化的组织，而是一个开放的、动态的群体。开放意味着企业可以对内部或外部的不同节点进行连接，企业可以调集企业内外部资源，通过自营、共享、外包等多种方式开展会计工作，可以充分借助于内外部的专业化分工提升价值创造能力。动态则意味着企业根据服务需求，按需定制，灵活获取支持和服务，以更低的成本享受更好的服务。

（4）信息化环境下的会计组织文化。在组织文化方面将会注入更多的互联网基因。互联网基因意味着开放、平等、共享和创新。会计组织将更多的类似于阿米巴的方式存在，企业的会计组织将具有更强的灵活性和环境适应性，他们在共同价值观的引导下形成会计生态圈，在良好的"竞合＋共生"模式下开展会计工作。作为组织中的人员将具有更强的参与感和责任感，能够与企业、与价值生态融为一体，共同为企业创造价值。

会计组织作为会计职能的载体，是研究会计发展的一个窗口，在信息化的背景下，会计组织将以企业价值创造为目标，以资源配置为主要职能，形成以"契约＋服务"方式连接的、动态的、开放的网状结构和"竞合＋共生"的生态环境。

3.2.3　IT 对会计数据管理的影响

IT 对会计数据的管理也伴随着 IT 技术的不断发展而发展，随着对数据及其重要性的认识的不断深入，其管理形式也在不断发展变化。

1. 文件管理

会计数据以独立文件的形式存在。如类似于 EXCEL 表格、WORD 文档等。以此类方式保存的会计数据虽然实现了电子储存，但其本质和纸质文档管理没有实质区别。文档之间相互独立，难以形成关联关系；文档数据存在大量的数据冗余，数据不一致，数据利用难度较大。

2. 结构化管理

采用结构化管理方式，将会计数据以二维表格的形式存储，并建立表与表之间的关联关系，遵循数据库设计第三范式（3NF）① 要求，消除数据冗余和数据的不一致性。对结构化数据的操纵简单，结构化管理方式带给会计数据非常便利的可维护性和可访问性，会计数据独立于会计软件存在，使得数据的共享性大大提升，同时也有利于会计信息系统的维护和管理。

结构化数据管理方式仍然是目前会计数据管理的主流方式，但也存在一些应用弱点，如不支持图片、文本、视频等非结构化数据，无法快速适应外部环境变化等。

3. 大数据管理

对于"大数据"（Big data）研究机构 Gartner 给出了这样的定义："大数据"是需要新处理模式才能具有更强的决策力、洞察发现力和流程优化能力来适应海量、高增长率和多样化的信息资产。

大数据技术的战略意义不在于掌握庞大的数据信息，而在于对这些含有意义的数据进行专业化处理。从技术上看，大数据与云计算密不可分。大数据无法用单台的计算机进行处理，必须采用分布式架构。它的

---

① 第三范式（3NF）要求一个关系中不包含已在其他关系已包含的非主关键字信息。范式来自英文 Normal form，简称 NF。要想设计一个好的关系，必须使关系满足一定的约束条件，此约束已经形成了规范，分成几个等级，一级比一级要求得严格。满足这些规范的数据库是简洁的、结构明晰的，同时，不会发生插入（Insert）、删除（Delete）和更新（Update）操作异常。

特色在于对海量数据进行分布式数据挖掘。它必须依托云计算的分布式处理、分布式数据库和云存储、虚拟化技术。大数据具有 5V 特点：Volume（大量）、Velocity（高速）、Variety（多样）、Value（低价值密度）、Veracity（真实性）。

大数据环境下，会计数据不再是结构化数据，而逐步转向结构化数据、半结构化数据和非结构化数据的整合，意味着会计可以更广泛地采集多样化的业务活动数据，并动态实时做出分析、判断和决策。会计信息的呈报也会以多角度、多维度方式灵活展现。

4. 数据治理

毋庸讳言，在信息化环境下，特别是大数据时代的到来，意味着数据、信息可以为企业或相关组织带来价值，数据真正成为可以带来未来收益的资产。数据资产的管理催生出数据治理的概念。数据治理就是对数据的获取、处理、使用进行监管，以保证数据资产的增值和价值发现。数据治理的功能包括对数据存储、发布、披露、使用、采集的权力进行全程监督和管理。

会计数据作为企业重要的数据资源，始终是数据治理的重要对象。如何保证信息化环境下会计数据的真实、准确、及时，如何保证会计数据加工逻辑的合理、合规，如何恰当地对外披露会计信息，如何对会计信息进行保管和存档，如何对会计信息的访问权限做出清晰的定义是会计数据治理的主要内容。

3.3　IT 技术对会计理论的影响

IT 技术对会计的影响首先是从实践应用开始的，但随着 IT 技术不断发展，IT 技术对会计理论的影响也逐步凸显。在 IT 环境下，随着会计管理链条、管理方式、管理行为的不断变化，在会计理论层面也带来一定的影响。

3.3.1　IT 环境下对会计目标的影响

会计目标是会计工作应该达到的要求和目的。对会计目标的研究是会计理论研究的核心问题,也通常被认为是研究会计的起点。

在工业化背景下,企业的所有权和经营权相分离,资源的所有者和经营者相分离,资源的受托方(资源经营者)接受委托,管理委托方(资源所有者)所支付的资源。委托方关注的是委托财产资源的保值与增值。受托方因此承担合理、有效地管理与应用受托资源,使其保值增值。受托方有义务及时、完整地向委托方报告其受托资源管理的情况以解脱受托经济责任。委托方通过相关的法规、合约和惯例等来激励和约束受托方的行为。

随着企业规模的扩大和证券市场的成熟,20世纪70年代美国注册会计师协会出资成立的特鲁布拉特委员会(Trueblood)在对会计信息使用者进行了大量的实证调查研究后得出了会计信息决策有用性的结论。决策有用观认为,"会计报告的作用在于向现在的和潜在的投资人、债权人以及其他信息使用者做出合理的投资、信贷及类似决策有用的信息,评估来自销售、偿付到期证券或借款等的实得收入的金额、时间分布和不确定的信息,以及提供关于企业的经济资源、对这些经济资源的要求权(企业把资源转移给其他主体的责任及业主权益)及使资源和对这些资源要求权发生变动的交易、事项和情况影响的信息"①。

随着对企业本质认识的逐渐深入,企业是一组契约关系的集合②成为共识。而会计契约观③认为,会计信息是联系构成企业契约关系的各利益相关者的纽带,在降低契约成本方面发挥着基础性作用。参与契约的各方需要在会计信息的支持下做出相应的决策,合理配置和优化资源或实现资源在各参与者之间的分配。按照这一观点,参与契约制定的各方包括投资者、债权人、经营者、员工、政府有关机构、消费者、供应商、社会公众、群众团体、所在社区等利益相关者。

---

① 该表述引自美国财务会计准则委员会1978发布的《财务会计概念公告》。

② 科斯于1937年发表了《企业的本质》,该文讨论了企业存在的原因及其扩展规模的界限问题,并创造了"交易成本"这一重要概念来予以解释,认为企业是一组契约关系的集合,其目的是为了降低交易成本。

③ 会计契约观的代表人物是美国瓦茨和齐默尔曼两位教授,他们合著的《实证会计理论》(1986)成为契约观代表著作。

IT 技术带给会计业务最明显的变化在于降低信息成本，消除信息不对称，从而降低交易成本，受制于"效益＞成本"原则而无法在手工环境下实现的会计在资源配置和优化管控方面的目标可以借助于信息化方式实现，会计的目标不仅仅是提供相关利益者所需的各类信息，更可以参与到企业管理活动中，成为优化资源配置的行为和活动。在 IT 环境下，会计的目标可以扩展为实现资源配置和价值创造。

3.3.2　IT 环境下对会计基本假设的影响

会计假设即会计基本假设，是指会计人员对会计核算所处的变化不定的环境和某些不确定的因素，根据客观的、正常的情况或趋势所做出的合乎情理的判断。会计假设是会计赖以存在的经济、政治和社会环境的基本前提或基本假设，是构成会计理论的基石。一般意义上的会计假设包括：会计主体、持续经营、会计分期和货币计量。会计假设不是一成不变的，它会随着经济、社会管理环境的变化而改变。

在 IT 环境下，并没有对会计假设带来颠覆性影响，但对各个假设都赋予了新的内涵和意义。

1. 对会计主体的影响

IT 环境下的会计主体并没有消失，只是会计主体变得更加多样化。会计主体是指会计工作为其服务的特定单位或组织，是会计人员进行会计核算时采取的立场以及在空间范围上的界定。会计主体本质上应该具备三个特征：一是可以通过会计工作为其提供特定的服务，并采取合适的立场；二是可以清楚的确定其边界；三是可以独立的计量。在通常意义上，会计主体往往是一家企业或一个经济实体。但在 IT 环境下，会计主体呈现多样化趋势。在企业内部，随着类似于阿米巴管理模式的出现，会计主体可以是企业内部的一个责任中心；在集团企业中，会计主体可以是集团的分支结构，也可以是围绕某一产品、地区形成的跨组织经济体；随着价值链、生态圈等企业价值形态的出现，会计主体也可以是围绕核心企业形成的价值链或生态圈。会计主体在 IT 技术的支持下呈现出多样化特征，但辨别一个会计主体的本质特征并没有发生变化，在任何环境下，都需要清晰地识别会计主体，以便于合理地进行资源配置、利益分配和价值协同。

2. 对持续经营的影响

持续经营是指企业会计确认、计量和报告应当以持续、正常的生产经营活动为前提。一般情况下,应当假定企业将会按当前的规模和状态继续经营下去,不考虑停业、破产、清算或大规模削减业务等因素,明确了这个基本前提,会计人员就可在此基础上选择会计原则和方法,如资产能够按计量基础计算成本,费用能够定期进行分配,负债能够按期偿还,否则正常的核算就无法进行。

IT 环境下并没有给持续经营带来颠覆性影响。但由于工具的先进性,企业或相关利益者可以从不同维度观测企业的经营状况,并为企业未来发展做出预测,可以使用不同会计原则和方法的组合进行会计确认、计量、记录和报告。持续经营是会计主体进行会计预测、估计的必选假设,但并不排斥企业在其他假设条件下对企业发展做出的判断和分析。

3. 对会计分期的影响

会计期间是指在会计工作中,为核算经营活动或预算执行情况所规定的起讫期间。会计期间主要是确定会计年度,会计年度也是财政年度、预算年度。会计分期是会计权责发生制进行确认和计量的基础,要求会计按照权利和义务对等的原则核算企业的收益,并使得会计提供的信息具有可比性。

在 IT 环境下,可以支持会计主体进行多种会计分期的核算,可以按照多种时间维度确定权利和义务,也可以按照企业生产特征和营运规律采用多样化的会计分期,以提供更为灵活的会计信息。

4. 对货币计量的影响

货币计量(Monetary Measurement)是指会计主体在会计确认、计量和报告时以货币计量,反映会计主体的生产经营活动。货币是商品的一般等价物,是衡量一般商品价值的共同尺度,具有价值尺度、流通手段、贮藏手段和支付手段等特点。选择货币这一共同尺度进行计量,能够全面、综合反映企业的生产经营情况。

随着 IT 技术的发展,企业的经济活动日益多样化,但企业的价值却难以通过货币形式全面完整地予以揭示。企业经济活动的不确定性、不稳定性、模糊性愈加明显。一方面,越来越多的为企业带来经济利益的经济活动难以通过货币方式全面准确的反映;另一方面,货币计量要求货币相对稳定性的条件也越来越难以满足。比如,对产品关注度、对网络流量、技术创新性等企业新价值的体现,通过货币尺度难以建立衡量和判别的标准。因此,企业需要多维度的反映企业价值变化的信息,需要更为综合的多种计量标准的报告。

3.3.3 IT 对复式记账法的影响

复式记账法是以资产与权益平衡关系作为记账基础,对于每一笔经济业务都要以相等的金额在两个或两个以上相互联系的账户中进行登记,系统地反映资金运动变化结果的一种记账方法。复式记账法能够清晰地描述一项经济活动的来龙去脉,同时,基于会计恒等式,又可以对记载事项的准确性进行校验。可以说,复式记账法是一种科学而高效的信息记录方式。

在 IT 环境下,随着信息多样化需求的产生和信息加工成本的降低,复式记账法并不是唯一的经济事项的记载方式。例如,大数据的应用,使得对分布式数据处理能力得到显著提升,企业的管理者可以在短时间内,围绕某一目标或需求,聚合海量数据进行分析和决策;区块链技术的出现,也使得分布式账簿成为可能,对经济事项的记录和反映可以通过多种途经和方式进行,对经济利益关系的校验不一定完全依赖会计恒等式进行校验。

3.4 IT 环境下会计发展的趋势

在信息技术的推动下,会计信息化越来越和会计的发展融为一体,会计发展的未来就是一个不断和信息技术融合创新的过程。早在 20 世纪 80 年代初期,杨纪琬、阎达五等就在《会计研究》等刊物上发表论文,探讨会计电算化应用的相关问题。杨纪琬教授在为某杂志创刊的序言中预言"在 IT 环境下,会计学作为一门独立的学科将逐步向边缘学科转化。会计学作为管理学的分支,其内容将不断地扩大、延伸,其独立性相对地缩小,而更体现出它与其他经济管理学科相互依赖、相互渗透、相互支持、相互影响、相互制约的关系。"

3.4.1　会计和企业微观管理活动的融合

在 IT 技术的支持下，会计活动的独立性逐渐弱化，会计越来越和企业的管理活动融为一体。会计的基本职能是"反映"和"监督"，两项职能从本质上讲，就是一种管理活动。在技术手段相对落后的前提下，为保证反映过程的客观公允，必须把这一过程从企业业务活动中剥离出来，建立独立的会计数据采集、加工、存储和披露过程，这一过程也成为绝大多数企业会计工作的主要内容。而这一过程在信息技术的支持下，逐渐和企业的管理活动融为一体。其融合过程主要体现为三个层级。

一是技术融合，IT 技术的应用不断向会计中渗透，从最初的单项工具应用，逐渐成为会计工作的基础运行平台和环境，并且这一融合进程还在不断加速，技术对会计的带动和引领作用逐步凸显。会计已经深刻感受到信息技术带来的变化。例如，上海国家会计学院调查的影响会计从业人员的十大信息技术评选中，财务云、电子发票、移动支付、数据挖掘、数字签名名列前五[①]。

二是流程融合。流程融合包括会计与业务的深度融合，最初的业财一体化是通过数据的交换和传递实现的，现在的业财融合则是业务活动和会计活动相伴发生，一体化完成执行、监督和控制。流程融合的另一层面则体现在会计核算活动与会计决策、控制活动的融合，随着核算自动化程度的提高，以及借助于数据挖掘、人工智能、大数据等技术，会计控制和决策效率显著提升，会计核算与决策、控制活动也逐渐融为一体。

三是职能融合。当会计流程与业务流程融为一体后，相应的职能也逐渐融合，会计真正成为企业管理活动中的一个组成部分，是业务活动的一个分支。这一过程也在财务共享服务中心得到体现。在财务实现共

---

①　影响会计从业人员的十大技术评选活动由上海国家会计学院主办，邀请行业专家和会计从业人员采用投票方式选出影响会计从业人员的十大技术，自 2017 以来，已经连续评选三届，对了解信息技术对会计的影响有重要参考价值。

享后，一般会将企业的财务活动划分为战略财务、共享财务和业务财务三个部分，共同支持企业的会计管理行为和管理活动。

3.4.2 会计和社会宏观管理活动的融合

在信息技术的支持下，会计管理活动也伴随着企业管理链条的延伸逐步向外扩展。

第一，会计向集团企业的延伸。会计在信息技术的支持下，实现了向集团企业的延伸，集团企业通过预算管理、资金管理、集团报表等系统实现了对分支机构的管理和控制；通过财务共享中心的建设实现了会计资源的规模化管理和专业化分工，进一步提高了效率降低了成本；通过内部控制、内部审计信息化实现了对集团企业业务活动的监督和控制，有效降低了企业风险。

第二，伴随着价值链的延伸。特别是随着 SCM（Supply Chain Management）①、CRM（Customer Relationship Management）等系统的应用，企业实现了计划、管理向上游供应商和下游客户的延伸，在信息技术的支持下，可以实现与上下游之间的动态协同和连接，保证了业务的顺畅，同时也明确了供应链上各成员之间的权责，实现价值链的共赢。

第三，在信息技术的推动下，特别是和企业相关利益者的信息系统集成，会计的链条已经向社会公共管理领域延伸。企业、银行、税务机关、鉴证机构、监督机关、证券市场可以实现数据的互联、互通和互相印证，进一步改变了会计信息的生成方式和鉴证模式，会计需要在更为广泛的领域考虑权责的分配和利益的均衡，需要在社会层面考虑资源的配置和优化。同时，会计作为社会经济宏观管理工具的作用得到体现，会计不仅仅提供面向微观的管理活动，同时也是社会宏观经济运行、宏观调控的重要手段。集成业、财、经一体化的大会计信息系统呼之欲出。

---

① SCM 供应链管理是一种集成的管理思想和方法，它执行供应链中从供应商到最终用户的物流计划和控制等职能。从单一的企业角度来看，是指企业通过改善上下游供应链关系，整合和优化供应链中的信息流、物流、资金流，以获得企业的竞争优势。

3.5 小结

本章着重回顾了会计信息化的发展历程,并对 IT 技术对会计的影响从实务和理论两个层面进行了分析和阐述。本书认为 IT 技术对会计实务,特别是业务流程、会计组织、会计数据管理带来颠覆性影响;而对会计基础理论,IT 技术扩展了会计目标,丰富了会计假设的内涵,并对复式记账法产生影响。在此基础上,本书认为 IT 技术的发展将进一步推动会计和企业管理活动的融合,并实现向宏观经济管理的扩展,集成业、财、经一体化的智能大会计信息系统成为未来的发展趋势。

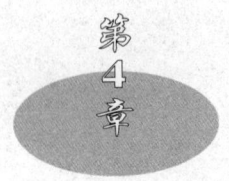

智能会计信息系统体系结构设计

随着会计信息系统向微观管理活动和宏观经济运行的渗透，会计信息系统需要随着企业管理需求的变化，实现从内部封闭、静态、刚性向开放、动态、柔性的转变；需要随着社会宏观经济管理的需要，实现从局部、微观向全局、宏观的转变。在这一转变过程中，如何借助于智能化技术实现会计业务流程的再造成为关键。本章以业务流程管理相关理论为基础，分析智能化相关概念、方法、技术的形成过程，构建智能会计信息系统的逻辑模型，并进一步分析智能会计信息系统的总体结构、运行原理和开发模式。

4.1 智能会计信息系统的提出

"智能"既是一个生物学的概念，也是一个哲学概念，包括意识（CONSCIOUSNESS）、自我（SELF）、思维（MIND）等诸多问题。本书研究的"智能"则主要指人工智能领域，即如何借助于智能化的理论和方法实现对会计信息系统的再造。

4.1.1 智能会计信息系统的概念

尼尔逊教授给人工智能下了这样一个定义："人工智能是关于知识

的学科——怎样表示知识以及怎样获得知识并使用知识的科学。"而美国麻省理工学院的温斯顿教授认为："人工智能就是研究如何使计算机去做过去只有人才能做的智能工作。"这些说法反映了人工智能学科的基本思想和基本内容。即人工智能是研究人类智能活动的规律,构造具有一定智能的人工系统,研究如何让计算机去完成以往需要人的智力才能胜任的工作,也就是研究如何应用计算机的软硬件来模拟人类某些智能行为的基本理论、方法和技术。

对于智能会计信息系统而言,则可以理解为如何应用现代 IT 技术模拟人类的智能行为,实现对会计活动进行管理的系统。

4.1.2 智能会计信息系统的基本特征

智能系统与传统系统的一个重要区别在于：智能系统具有现场感应（环境适应）的能力。所谓现场感应指它能与所处的现实世界通过感应——抽象——交往进行交互,并适应这种现场。这种交往包括感知（Understanding）、推理（Reasoning）、学习（Learning）、判断并做出相应的动作。这也就是通常人们所说的自组织性与自适应性。

1. 智能会计信息系统的对象是经济管理过程

过程（Process）是指为了达到某个目标而进行的活动（Activity）的集合。这些活动按照一定方式组织,即要求某些活动作为其他活动的前驱。每个活动可以包括多个属性,如输入数据、任务执行者、时间约束等,同时活动也可分解为更低层级的子活动。

关于过程的概念,有众多的解释和概念,在 ISO9000：2000《质量管理体系基础和术语》中,将过程定义为"一组将输入转化为输出的相互关联或相互作用的活动[①]。"根据这个定义可以看出：①过程是一组相关活动的集合；②过程执行的目的是将输入转化为输出；③过程执行过程中必然涉及资源的调用,包括人力、设备设施、物料和环境等。

本书对过程的定义特指业务过程,一个完整的业务过程由活动、连接、路由、参与者、角色、数据源等组成。

活动是构成业务流程的基本行为步骤,各个活动之间按照一定的顺

[①] 参见 GB/T19001－2008 3.4.1 条目。

序执行,并且有特定的流向,有具体的开始活动和结束活动;连接是指对业务流程活动之间处理逻辑和时间逻辑的描述,分为定义活动执行顺序的控制连接和表示数据关联性的数据连接;路由是指业务过程所经过的活动和连接的时序排列,它描述了业务过程执行的具体路径,并通过在连接点上的决策实现动态调整和控制;参与者是指全部或部分参与业务过程执行的实例中所使用的各类资源;角色是指在组织中具有特定能力的参与人;数据源是指用于活动存取的数据介质的集合。

对一个业务过程的描述往往就是对上述各个要素及其相互关系的抽象和定义。

因此,智能会计信息系统描述和管理的对象就是经济管理过程,其是对组成经济管理过程的参与者、角色、资源、数据进行统一管理的系统。

2. 智能会计信息系统是一个工作流系统

工作流系统按照人或组织的工作过程来组织和开发信息系统,因此,工作流系统更符合对经济管理活动的认知规律,智能会计信息系统应该是一个工作流系统。

在工作流管理组织给出的术语表中,过程特指为业务过程(Business Process),并给出如下定义①:"业务过程是指一个或多个相互链接的过程或活动,它们相互协作以实现某个商业目的,通常处在定义了职能角色及其关系的组织结构中。"同时,也给出了构成过程的活动(Activity) 的定义:"工作片断的一个描述是构成过程的逻辑单元。"

在信息系统中,工作流的管理是通过对业务流程管理来实现的。"具备对企业业务过程执行、管理、控制和优化能力"描述了智能系统的应用特征。过程执行能力是指信息系统可以通过对涉及过程执行的人、设备、应用程序等资源进行合理地调用和配置,保证业务过程的顺利执行;过程管理能力是指通过过程模型的定义,可以"显式"地表达过程执行的逻辑和先后次序,识别当前执行的活动在整个过程中所处的位置,根据活动执行的上下文判定过程执行的合规性,选择合理的过程执行路径;过程控制能力是指可以通过过程监控工具及时掌握和控制

---

① Workflow Management Coalition, Terminology & Glossary, Document Number WfMC – TC – 1011, Document Status – Issue 3.0, Feb 99, Workflow Management Coalition, 1999.

过程执行的进度并对执行效率做出评价；过程优化能力是指借助于过程挖掘技术，从大量的过程执行日志文件中抽取业务流程、组织角色、执行实例等方面的知识，实现对过程模型的动态修正和智能化升级，从而支持系统的自适应、自学习能力，实现企业管理流程的持续性优化。

从业务流程管理角度分析，智能信息系统支持企业业务流程管理和业务流程治理，通过业务流程的柔性化改造和人工智能相关技术的引入，构造能够敏捷响应企业内外部变化，具有自适应和自主学习能力的信息系统。

3. 智能会计信息系统应具备对经济业务的感知能力

在现代汉语词典中，对感知的解释是："客观事物通过感觉器官在人脑中的直接反映"①。智能是指对业务过程进行识别并做出分析和反馈的能力。

Petal（1989）认为："企业的感知能力不同，所感知的非确定性程度也不同，因此采取了不同的应对策略"②。感知过程可进一步划分为三个阶段：识别阶段、分析阶段和反应阶段。在识别阶段，企业借助于深入到业务部门的触角对来自于外部的环境信息（如政策变更、客户需求等）以及内部的状态信息（如产能、财务状况）等进行捕获和归集；在分析阶段参照知识库对捕获的信息进行分析提炼、消除噪音；在反应阶段根据经验和规则做出反馈动作并加以控制。相应地，在三个阶段企业应具备的能力称之为识别能力、分析能力和反应能力。上述三个阶段构成了一个完整的"感知"过程。如图 4-1 所示。

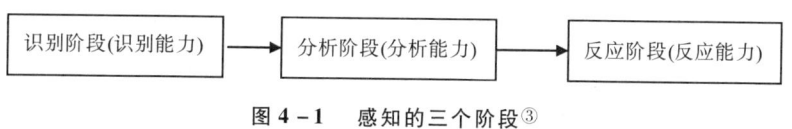

图 4-1 感知的三个阶段③

---

① 中国社会科学院语言研究所词典编辑室. 现代汉语词典 [M]. 北京：商务印书馆，1983：358.

② Gupta. Y. Petal, Flexibility of manufacturing system: Concept and Measurements, European Journal of Operation Research, 1989, 43 (2): 119-135.

③ 艾凤义等. 企业流程柔性及环境—核心流程柔性—企业绩效的模式研究 [J]. 北京理工大学学报（社会科学版），2003，5 (5): 10.

因此，感知是指企业及时捕获内部和外部的环境变化信息，参照企业知识库进行分析，并利用规则库提供的规则做出反馈动作的过程。这一概念源自于业务流程柔性化的思想，当一个事件发生时（客户订单），企业及时捕获相关信息（客户关系、订单量、企业内部生产能力、运输能力等），并根据企业的知识库对上述信息进行分析（何时交货、价格确定），进而做出反馈（下达订单、订单执行跟踪、成本核算）。感知强调借助于信息系统实现三个环节的无缝链接，尽可能排除人工过程和部门权限划分对业务流程执行的影响，迅速配置资源完成任务，提高业务流程柔性。

4. 智能会计信息系统应具备对经济管理活动的推理能力

推理，逻辑学指思维的基本形式之一，是由一个或几个已知的判断（前提）推出新判断（结论）的过程，有直接推理、间接推理等。在人工智能领域，"推理"是指借助于已知事实和知识规则，按照一定的推理算法，推导结论或验证假设是否成立的过程。一般的推理过程包括：①根据用户的问题对知识库进行搜索，寻找有关的知识（匹配）；②根据有关的知识和系统的控制策略形成解决问题的途径，从而构成一个假设方案集合；③对假设方案集合进行排序，并挑选其中在某些准则下为最优的假设方案（冲突解决）；④根据挑选的假设方案去求解具体问题（执行）；⑤如果该方案不能真正解决问题，则回溯到假设方案序列中的下一个假设方案，重复求解问题；⑥循环执行上述过程，直到问题已经解决或所有可能的求解方案都不能解决问题而宣告"无解"为止。

智能会计信息系统应具备对经济管理活动的推理能力，也就是说在业务发生时，系统能够根据感知到的状态和数据信息，对当前发生的活动进行判断和分析，推理判断活动的性质和特征，并做出相应的反馈。

5. 智能会计信息系统应具备对经济管理活动的学习能力

学习能力在人工智能环境下是指机器学习。机器学习是一门多学科交叉专业，涵盖概率论知识、统计学知识、近似理论知识和复杂算法知识，使用计算机作为工具并致力于实时的模拟人类学习方式，并将现有内容进行知识结构划分来有效提高学习效率。

机器学习是研究怎样使用计算机模拟或实现人类学习活动的科学，是人工智能中最具智能特征，最前沿的研究领域之一。自20世纪80年代以来，机器学习作为实现人工智能的途径，在人工智能界引起了广泛的兴趣，特别是近十几年来，机器学习领域的研究工作发展很快，它已成为人工智能的重要课题之一。机器学习不仅在基于知识的系统中得到应用，而且在自然语言理解、非单调推理、机器视觉、模式识别等许多领域也得到了广泛应用。一个系统是否具有学习能力已成为是否具有"智能"的一个标志。机器学习的研究主要分为两类研究方向：第一类是传统机器学习的研究，该类研究主要是研究学习机制，注重探索模拟人的学习机制；第二类是大数据环境下机器学习的研究，该类研究主要是研究如何有效利用信息，注重从巨量数据中获取隐藏的、有效的、可理解的知识。

会计的基本职能之一是"观念总结"，观念总结的本质实际上就是一个学习的过程，在IT技术的支持下，如何让会计信息系统具备学习能力，能够从海量的数据中抽取支持会计管理、决策的相关知识，应该是智能会计信息系统应该具备的基本特征。

4.2 智能会计信息系统结构分析

随着企业管理环境的不断变化，企业会计管理的核心从最初的成本到其后的市场，再到目前的协同增效和价值创造，会计信息系统关注的核心问题也从数据、程序转向了过程和活动。与此相适应，智能会计信息系统在逻辑模型、运行原理与体系结构等方面均呈现出不同于非智能信息系统的特征。

4.2.1 智能会计信息系统的逻辑结构

智能会计信息系统具备对企业内外部环境变化的感知能力，并根据感知的信息做出分析、决策和反馈。借助于技术接受模型①②的思路，本书对智能会计信息系统的逻辑模型设计如图4－2所示。

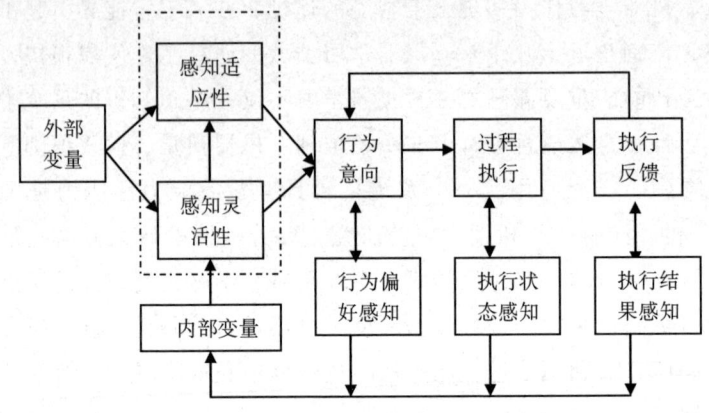

图4－2　智能信息系统逻辑模型

（1）外部变量：触发会计信息系统过程执行的外部环境因素的集合。在管理信息系统中，主要来自于客户、市场及企业的相关利益者。例如，客户下达的一个订单，用户提交的信息查询的申请等。

（2）感知适应性：信息系统内部的业务处理逻辑对外部变量满足程度的度量。即：信息系统内部的处理逻辑是否能够满足外部变量引致的具体过程实例的个性化需求。例如，客户提交订单后，系统自动检测是否有相应的流程可以满足订单的要求，特别是用户提交的订单具有一定特殊性时，系统中是否有相应的流程能够对客户需求做出响应。

（3）感知灵活性：信息系统内部的业务处理逻辑对外部变量满足效率的度量。即：信息系统是否可以通过灵活的流程配置来尽可能缩短流程路径，提高满足客户需求的效率。例如，客户提交订单后，信息系

---

① 技术接受模型（Technology Acceptance Model，TAM）是 Davis 运用理性行为理论（Theory of Reasoned Action）研究用户对信息系统接受时所提出的模型。它以用户对信息系统有用性和易用性的感知作为开端，通过分析外部变量对用户的感知、态度和行为意向的影响，预测用户可能采取的行动和并对系统持续改进的方向进行分析，本书借用 TAM 模型的思想来构造智能信息系统的逻辑模型。

② Davis F D，A Technology Acceptance Model of Empirically Testing New End – user information system: Theory and Results. Sloan school of management，Massachusetts Institute of Technology，1996.

统对完成订单的时间做出判断，或根据用户的要求，对流程进行重新配置，以满足用户对执行效率的要求。

（4）内部变量：企业内部影响业务流程执行的因素的集合，如企业的生产能力、配送能力、资金状况等。内部变量是企业业务流程执行的约束条件，也是限制感知适应性和感知灵活性的参照规则。在智能的信息系统中，它往往以规则库的形式存在，用于说明企业的流程规则和相关控制规则。如标准流程、预算、计划等。

（5）行为意向：系统根据感知适应性、感知灵活性的结果，根据内部变量的约束做出的业务流程编排和执行计划，可以简单理解为业务流程执行计划。

（6）行为偏好感知：行为偏好感知是通过对大量的业务流程执行计划的记录和挖掘发现企业管理流程上的潜在规律和偏好，其目的是对内部变量中相关规则进行优化。同时从业务流程执行计划记录中也可以挖掘出客户的潜在需求和行为偏好，从而可以为用户提供个性化的服务。

（7）过程执行：由工作流引擎驱动相关程序、资源、数据和人员，按照业务流程执行计划，执行过程模型完成业务流程执行任务。

（8）执行状态感知：由过程执行监控工具对过程执行的状态、进度、效率等进行实时监督，并通过过程执行通信及时修改或调整业务执行逻辑和涉及的相关资源，保证业务流程顺利执行。同时对执行异常信息的记录和挖掘也可用于对内部变量规则的优化。

（9）执行反馈：执行反馈来自于两个方面，一是企业内部对过程执行的分析和评价；二是来自于用户，主要是对提供产品或服务满意度的分析和评价。

（10）执行结果感知：对执行反馈信息进行记录和挖掘，以利于内部变量规则的优化。

4.2.2　智能会计信息系统的运行原理

1. 智能会计信息系统的运行原理描述

智能会计信息系统的运行原理可以描述如图4-3所示。

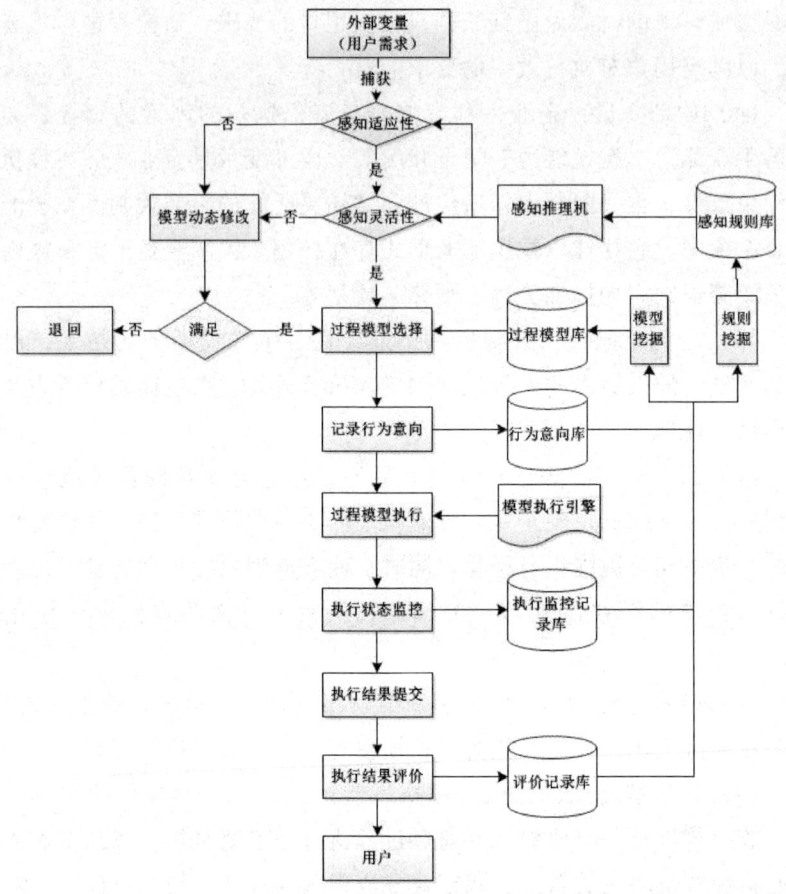

图 4-3 智能会计信息系统工作原理

（1）外部变量感知：在接受用户输入或通过相关软件探测到外部变量发生变化时，系统首先对来自于用户或外部环境提供的外部变量进行捕获，参照感知规则库（存放内部变量规则）内置规则，借助感知推理机[①]，对外部变量进行适应性和灵活性感知。即：判断企业内部的

[①] 推理机（Inference Engine）是专家系统中实现基于知识推理的部件，是基于知识的推理在计算机中的实现，主要包括推理和控制两个方面，是知识系统中不可缺少的重要组成部分，主要由执行器、调度器和一致性协调器等组成。调度器依据控制策略（用知识和算法描述）和记录的信息从流程中选择一个动作供系统下一步执行。执行器应用知识库中的知识和记录的信息执行调度器选定的动作。一致性协调器的主要作用是当得到新数据或新假设时，对已得到的相关结果进行似然修正，以保证结果的前后一致性。

流程是否能够满足用户需求,是否能够通过柔性化的流程配置提高对外提供产品的效率。

(2)生成行为意向:若存在满足适应性和灵活性的过程模型则直接选用,若不满足则对过程模型进行动态修改,重新编排各项活动的执行逻辑和时间顺序,确定过程执行的路径,并加以记录。若经修改后仍无法满足用户需求则向用户反馈退回信息。

(3)过程实例执行:由工作流引擎将过程执行实例提交给上一步骤中生成的过程模型,并在模型执行引擎驱动下,依次执行各项活动,调用相关资源完成过程执行,并对过程执行情况进行监控和分析。

(4)过程执行反馈:将过程执行结果(产品或服务)提交给用户,并感知用户对执行结果的满意度,同时对过程执行情况进行分析和评价。

(5)内部变量规则优化:根据在各阶段采集到的记录(行为偏好、执行状态、执行结果)等进行分析和挖掘,并自动对内部变量规则进行修正和优化,实现系统的自适应和自学习。

2. 智能会计信息系统的运行场景示例

为进一步说明智能会计信息系统的工作原理,可设定如下场景,并比较智能信息系统与非智能信息系统在业务执行过程中的差异。

场景设定:客户需要通过网络向某连锁快餐机构订餐,并要求送餐上门,客户以信用卡方式支付餐费。基于智能信息系统的运行过程如图4-4所示。

(1)客户下达订单:客户登录连锁快餐的订餐网站,在智能化的信息系统中,该网站自动调用相应的GPS定位软件,确定该客户是否在送餐范围内,并将结果反馈给客户。在非智能的信息系统中,则必须在客户提交订单并说明订餐地址后,系统根据客户提交的信息确定是否配送,客户在填写了大量信息后被告知无法送餐将会降低客户满意度。

(2)订单确认:在智能的信息系统中,系统根据客户的历史订餐记录挖掘客户饮食偏好和可接受的送餐时间,自动向客户推送相关产品信息和优惠活动,并自动提示送餐时间,请客户确认。同时系统选择最佳的配送餐厅。例如,某餐厅虽然地理位置较近,但由于订单量大,需要客户等待,系统可自动将该订单分配至地理位置可能稍远,但不需等

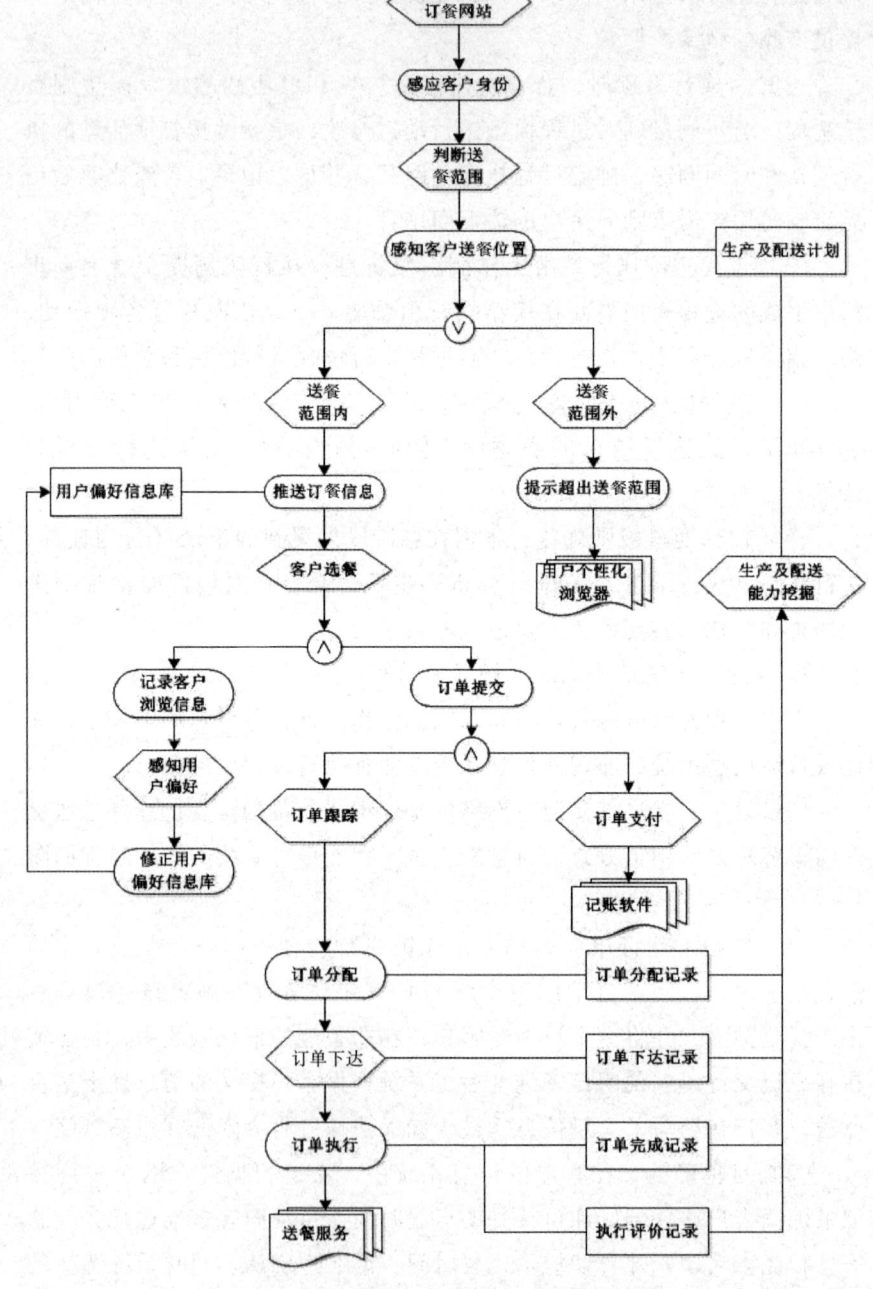

图 4-4 基于智能信息系统的订餐流程

待的餐厅。在非智能的信息系统中,则系统接受订单并对订单进行确认后提交给固定的餐厅,而不考虑客户的其他需求。

(3)订单支付:在智能的信息系统中,系统确认客户通过信用卡支付餐费,并自动触发相应的记账软件完成账簿登记。在非智能的信息系统,管理者只能在确认客户支付后,手工启动财务软件,通过数据交换方式从订单管理系统中获取数据并自动生成相关凭证。

(4)订单执行:在智能的信息系统中,餐厅接受订单后,下达加工任务,并指定送餐员送餐,同时记录送餐出发时间和到达时间,并根据客户反馈修正客户订餐记录。

(5)会计处理:在智能的信息系统中,自动根据客户交易情况,生成对应的会计凭证,并自动进行凭证的生成、审验和记账,根据交易的汇总数据,修改相应的销售报表等。同时对客户信用、消费偏好等信息进行维护,以便于客户挖掘和提供更好的服务。

由上可知智能信息系统与非智能信息系统在流程上的差别主要体现在:

(1)决策前置:通过感知适应性和感知灵活性对用户需求和企业业务流程的差异度进行分析和比较,从而确定是否能向客户提供符合需求的产品或服务。并根据用户需求确定采用的业务执行逻辑,实现了决策过程的前置。

(2)风险识别:对感知适应性和感知灵活性的判断实际上构成了对业务流程风险的识别和度量机制,并相应地采取控制策略以控制风险。因此,智能信息系统能够有效支持风险导向内部控制制度的建立和实施。

(3)柔性响应:能够根据用户提出的需求,灵活安排敏捷高效的流程进行响应,合理配置相关的各类资源,如生产能力、配送能力等。

(4)实时控制:通过行为意向记录、执行状态监控和执行结果评价实现对业务流程的全程实时监控,并可根据监控结果灵活调整业务执行逻辑。

(5)自主学习:通过对大量行为意向信息、过程执行状态信息和过程执行结果评价信息的挖掘,可以实现对感知规则和过程模型的动态修正,从而实现系统的自主优化和自主学习。

4.2.3 智能会计信息系统的体系结构设计

与目前主流的信息系统相一致，智能会计信息系统采用了层次化的体系架构。层次化架构的优势在于将不同的功能需求分解在不同的层次内，各层之间采用松耦合方式连接，既实现了功能在层次内的屏蔽，又便于层次间的组合和协同，实现系统的快速配置和灵活变化。

1. 智能会计信息系统的层次结构

传统的分布式 N-tie（三层）① 架构的应用软件虽然在软件功能组件化方面取得了长足的进步，消除了软件系统对硬件平台和数据库管理平台的依赖，但从企业管理角度而而言，为满足个性化的业务需求，实现管理信息系统的敏捷反应和灵活配置，还需引入业务基础软件平台，通过对业务模型的抽象和封装，满足特定专业领域业务处理的需求，有效屏蔽业务需求和业务过程的复杂性。计世咨讯（CCW Research）对业务基础软件平台的定义是以业务为导向和驱动的、可快速构建应用软件的软件平台。业务基础软件平台服务于特定的知识领域，通过对该领域内业务流程和专业知识的抽象，形成支持领域应用的可复用模型，并通过模型的配置和调用实现特定信息系统的快速配置。

会计业务基础软件平台的构建是为了对会计专业领域内的专业知识进行抽象，形成支持会计领域应用的可复用模型。各类会计元数据、元流程的定义成为构建会计业务基础软件平台的关键。

在引入会计业务基础软件平台后，智能会计信息系统的层次划分如图 4-5 所示。

2. 智能会计信息系统的总体架构

图 4-5 描述了智能会计信息系统的层次结构，层次结构的划分消除了各层之间的依赖，因此，对于智能会计信息系统的构建研究主要集中在软件基础架构平台、会计业务基础软件平台和个性化信息系统平台三个层次上。

---

① 所谓三层或多层架构是指基于 C/S 架构或 B/S 架构，可以划分为表示层、业务逻辑层、数据访问层三层，表示层通常指的是 UI 界面，业务逻辑层是用来处理业务逻辑，数据访问层顾名思义就是对数据库进行操作的方法，三层之间的引用关系是表示层引用业务逻辑层，业务逻辑层引用数据访问层。多层架构则是在表示层和业务逻辑层之间插入了模型层。

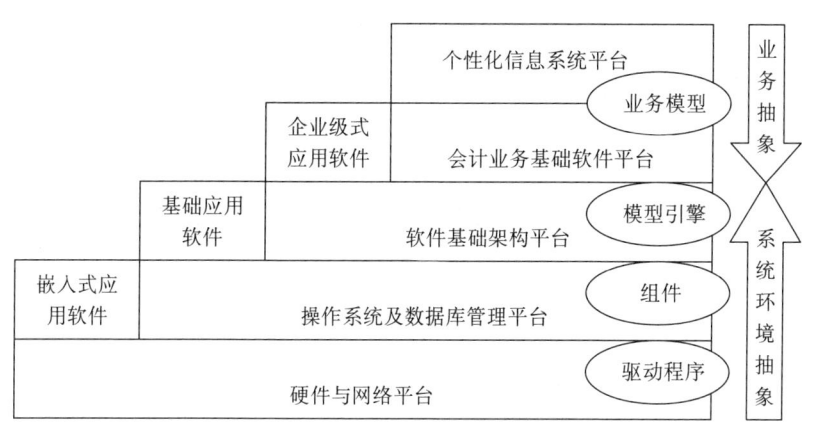

图 4-5 智能会计信息系统层次结构①

在软件基础架构平台采用工作流技术构建核心引擎,实现对用户、业务终端、应用程序等相关资源的管理和整合,并通过过程模型的构建描述会计业务流程。

在会计业务基础软件平台则借助于智能会计模型,借助于 MDA 方法实现会计业务模型的快速构建和配置,通过业务模型抽象专业领域知识和流程模型,实现系统的敏捷配置和部署,提高模块复用程度,降低系统实施成本。

在个性化信息系统平台则提供了个性化用户界面以及相关的定义和发布工具,允许用户快速配置系统,满足个性化需求。

将各层次进一步分解,可以得到如图 4-6 所示的智能会计信息系统总体架构。

对总体架构中各层次的构成及主要功能描述如下:

(1) 应用表示层:其提供了用户和系统交互的接口和界面,主要包括用户界面和过程执行监控工具。用户界面提供用户和系统交互的集成化运行环境,用户通过其完成各项指令和任务的发布,并通过监控工具及时了解业务流程执行状态。

(2) 会计业务基础软件层:其是构成智能会计信息系统的核心部

---

① 该资料引自计世咨询(CCW Research)相关研究报告。

图4-6 智能会计信息系统的总体架构

分。元数据（Metadata）① 是指关于数据的数据，它用来描述数据的特征和属性，提供某种资源的有关信息的结构数据，是对数据的抽象描述。会计元数据是对会计数据的抽象②。流程元模型包括会计报告元模型、会计控制元模型、会计协同元模型。其是对报告流程、控制流程、

---

① 元数据（Metadata）一词最早出现于1988年美国宇航局编辑出版的《目录交换格式》一书中。

② 如流动资产、长期负债等。流动资产是对现金、应收账款的抽象描述。标准元数据的定义是解决会计信息语义一致性问题的关键，也是构建会计元数据、元模型的基础，限于篇幅本书未对其进行论述。

协同流程的抽象描述和表达,是构建业务流程模型的重要元素,也是过程模型构建的核心①。标准业务流程和标准业务组件是系统提供的可供参考的标准业务模型和组件,用户可以以它为基础定制个性化的业务流程模型,标准业务流程和标准业务组件往往根据业内先验模型或公认准则定义。流程定义工具提供了面向用户的可视化辅助工具,帮助用户参照标准业务流程完成定义,并予以发布,转换为可执行的流程。流程优化工具则提供了帮助用户实现流程改进和挖掘的工具,以支持业务流程管理的持续化改进,支持智能会计信息系统的智能化应用。

(3) 业务执行层:其是指实际执行业务过程的核心引擎,包括工作流核心引擎和过程模型执行核心引擎,其负责创建、管理和执行过程实例,是通用的支持平台。

(4) 应用软件层:其是指供智能会计信息系统业务执行层调用的相关应用程序资源和标准中间件和公用组件。智能会计信息系统的主要功能之一就是对涉及过程执行的各项资源进行管理和调用,应用程序是构成过程执行的重要资源之一。例如,系统可以调用 E – mail 系统发送邮件。

(5) 基础设施层:其是指支持系统运行的硬件和软件平台,主要包括操作系统、数据库服务器和应用服务器等。

3. 智能会计信息系统的工作流管理

智能的会计信息系统遵循了工作流管理系统的运行方式,因此可以通过对工作流系统的描述进一步了解智能会计信息系统的工作流管理方式。

(1) 工作流参考模型。工作流管理联盟(Workflow Management Coalition,WfMC)定义的工作流参考模型描述了该模型的基本部件和基本接口,如图 4 – 7 所示。

该模型中包含了五个基本的部件:

①工作流定义工具:提供过程描述的软件,利用该软件可以将实际的过程步骤采用可视化的方法加以描述,并转化成规范的工作流定义语言格式。

---

① 关于元模型的论述详见本书第 5 章。

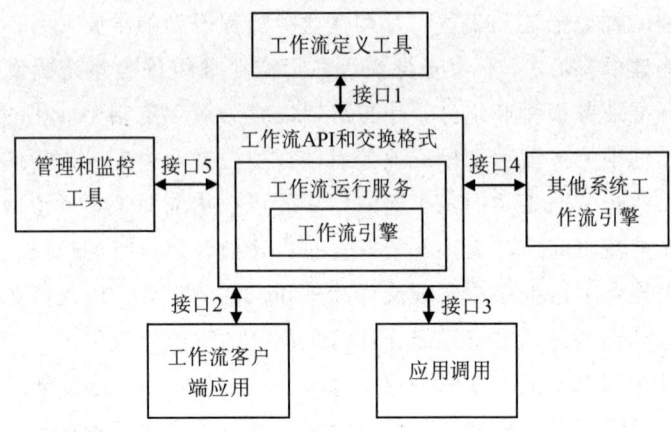

图4-7 WfMC定义的工作流参考模型①

②工作流引擎：在一个系统中可以有一个或多个工作流引擎，它们是构成工作流管理的核心组件。负责创建、管理和执行过程实例。各种工作流应用通过工作流应用程序接口访问工作流引擎，工作流引擎负责提供过程实例运行的可执行环境，解释过程定义、控制过程执行，分配各种角色和资源，维护过程中产生的各项数据，调用各种应用等。

③应用程序：应用程序是一些功能应用的集合，每一个应用可能负责完成工作流的某一个子过程的调用的执行。应用程序由工作流引擎负责调用。典型的应用如在客户关系管理系统中嵌入电子邮件系统，在会计信息系统中嵌入自动开票系统等。

④客户应用：在需要人参与的非完全自动化的过程执行中，工作流引擎可以将任务按照工作列表②提供的工作列表信息分配给制定角色的人员来参与完成。

⑤过程管理和监控：负责整个过程的监控和管理，包括用户管理、角色管理、资源管理、运行记录、错误恢复、中止或删除工作流等。

同时模型中定义了5个接口：

接口1：工作流运行服务与工作流建模工具间接口，包括工作流模

---

① 该资料引自WfMC的相关技术文档。
② 工作列表（Worklist）指派给某个工作流参与者工作项的列表。工作列表构成了工作流引擎和工作列表处理器之间接口的一部分。

型的解释和读写访问。

接口2：工作流运行服务与客户之间的接口，约定了客户应用和工作流运行服务之间的功能访问方式。

接口3：工作流引擎和可调用应用间的直接接口。

接口4：工作流管理系统之间的互操作接口，用于不同工作流管理系统之间的协同。

接口5：工作流运行服务与工作流管理监控工具之间的接口。

（2）工作流产品的一般结构。近年来，工作流技术发展最为迅速的领域之一就是企业应用系统，一些著名的管理软件厂商均推出了相应的工作流软件产品，如 SAP 的 R/3、IBM 的 MQ Workflow 等。它们都遵循了 WfMC 定义的工作流产品结构。智能会计信息系统从本质上讲仍然是工作流软件产品，因此也沿袭了 WfMC 产品的风格，如图 4-8 所示。

该结构中有三类部件：

①WfMC 内部提供的用于实现各种功能的软件组元（用深色矩形表示）：包括工作流引擎、过程定义工具、工作列表处理程序以及用户界面。该部件由 WfMC 提供，并负责维护，是智能信息系统的核心部件。

②被一个或多个软件组元调用的各种系统定义和控制数据（无色图形表示）：该部件交由用户定义或根据过程定义自动生成，同时也是通用工作流系统转化为企业应用系统的关键，利用相关的定义和控制，实现了企业业务流程在工作流管理系统上的映射。

③应用程序及数据库（用浅色图形表示）：该类部件由第三方提供，一般为可集成的、标准化应用程序或数据库管理系统。

4. 智能会计信息系统的建模策略

智能会计信息系统采用模型驱动架构方式实现业务模型的构建和转换。模型驱动架构（Model Driven Architececture，MDA）是对象管理组织（The Object Management Group，OMG）继 UML 之后推出的一种新的软件方法学，OMG 认为，MDA 是基于 UML 的一个更完备、更自动化的开发模型，同时，MDA 将最新的信息技术应用整合在一起，包括基于组建的开发、中间件、多层系统、企业应用集成以及契约式设计等。下面将介绍 MDA 的相关原理。

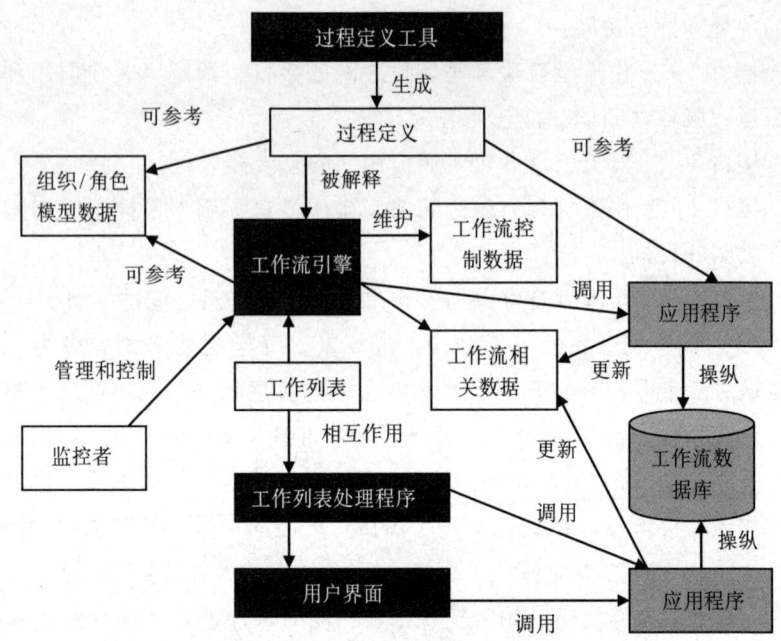

图 4-8　工作流产品的一般结构

（1）MDA 的基本原理。MDA 可以理解为是一种基于 UML 以及相关工业标准的开发模型，它支持模型的可视化、存储和交换，以独立与实现的标准化形式存储机器可读的模型，并进行模型数据之间严格的转换，生成可执行程序。MDA 的关键特点就是软件开发的重点和输出不再是程序，而是各种模型。其原理可用图 4-9 表示。

模型构建的过程可以划分为两个阶段，首先，根据管理领域相关问题抽象得到企业管理业务的模型，即企业建模。该阶段一般从企业管理软件的各个要素如组织、信息、功能、流程和服务出发，构建企业业务模型；其次，根据业务模型按照相关的策略和转换规则，实现业务模型向设计模型和软件实现的转换，该转换过程借助于相关的平台实现，而不需要大量的编程实现。MDA 提供将业务模型转化为软件实现的标准①和方法。

---

①　支撑 MDA 核心的相关标准有：UML 统一建模语言、MOF 元对象设施、XMI 元数据交换和 CWM 公共数据仓库元模型。

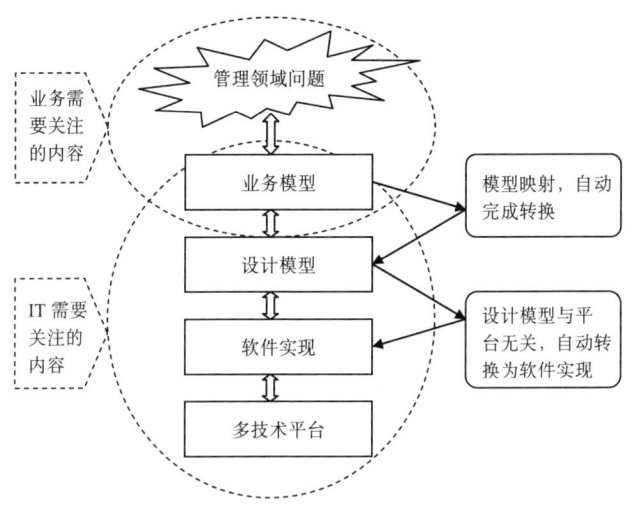

图 4-9　模型驱动架构的基本原理①

采用 MDA 可以有效地提高软件开发效率、增强软件的可移植性、协同工作能力和可维护性，从而为快速构建企业应用流程提供便利。

在会计信息系统中引入 MDA 思想的核心在于将会计领域专业问题抽象出业务模型，并通过模型的封装提高模型的复用程度，合理划分模型粒度，尽可能以粗粒度方式提供业务流程元模型，以方便系统的快速组装。

（2）MDA 的模型转换过程。针对 MDA 的开发过程，OMG 组织定义了由高层到低层 3 种抽象模型，分别是：

①计算无关模型（Computation Independent Model，CIM），从业务角度描述系统应该完成的工作，用来描述业务领域所涉及的对象、要素，以及它们的属性、行为和彼此关系。CIM 是独立于软件开发的。

②平台无关模型（Platform Independent Model，PIM），从功能角度描述系统的体系结构，而不考虑其系统实现。平台无关模型是基于计算无关模型产生的。

③平台特定模型（Platform Specific Model，PSM），基于 PIM 模型开发，根据特定的平台和技术描述系统结构和功能。

MDA 的设计过程就是 3 种模型由高层向低层的转换，然后借助于

---

① 林峰. 金蝶 BOS 企业架构之中国最佳实践 [M]. 北京：机械工业出版社，2008.

代码生成工具，得到目标平台软件系统的源代码和相关配置文件。其中模型转换是MDA开发中的关键技术，可以分为两种类型，即模型向模型的转换和模型向代码的转换。基于MDA的系统开发仍然延续了自顶向下、逐步求精的思路，其开发过程可用图4-10表示。

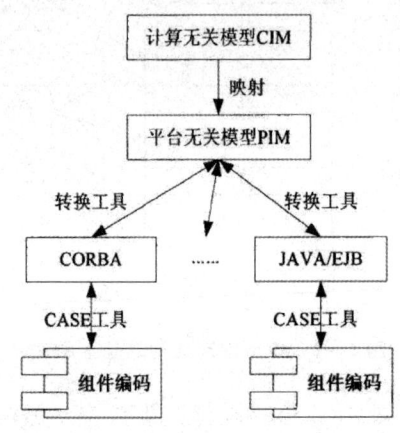

图4-10　MDA模型转换示意图

综上所述，可以对智能会计信息系统的构建原理描述如下：智能会计信息系统采用目前主流的多层架构体系，采用MDA的方法抽象和映射会计领域的专业知识，形成支持企业会计业务流程的业务元模型，采用工作流方法构建面向企业应用的过程模型，借助于工作流管理系统实现对各类资源包括人、应用程序和信息的配置和组合，并通过持续的过程优化措施实现流程管理的柔性化和智能化①。

4.3　智能会计信息系统的应用模式

4.3.1　智能会计信息系统的应用优势

与非智能信息系统的比较，智能会计信息系统在应用方面的优势主

---

① 过程优化的详细阐述见第6章。

要体现在四个方面。

1. 支持业务过程的柔性化

柔性（Flexibility）是指系统所具有的处理变化环境或处理由环境引起的不稳定性的能力（Buzacutt，1985）。过程柔性则可描述为企业流程所具备的处理环境变化或处理由环境变化引起的不稳定性的能力，也就是流程具备对外界环境的感知能力、分析能力和反应能力。业务过程的柔性表现在两个方面，即主动柔性和被动柔性。主动柔性是指过程对企业内外部环境变化所具有的控制力和影响力；被动柔性是指过程对企业内外部环境变化所具有适应能力。在早期的工作流管理系统中，过程柔性主要体现在连接、路由上，而活动、参与者、角色、数据源一般情况下不具有柔性，即业务过程在执行时只能通过不同路径的选择来适应内外部变化，而在智能的信息系统中，过程的柔性可以表现在各个要素上，既可以通过不同的路径选择完成任务，也可以通过合理的其他要素的重新配置和组合完成任务。

2. 支持业务过程的智能控制

按照控制论的观点，控制是指为了改善系统的性能或达到某个特定的目的，通过对系统输出信号的采集和加工而产生控制信号施加到系统的过程①。一般通过反馈控制的方式对过程施加影响。传统的信息系统往往通过结果的绩效评价对执行过程进行评价并予以调整，从时间上看，有一定的滞后性；而智能的信息系统可以通过过程监控工具监控过程的执行过程，并用于过程控制的改进。在智能的信息系统中，控制过程体现在两个层面，一是对过程涉及资源（人员、信息、应用程序等）的控制；二是对过程中任务执行路由的控制。同时，控制逻辑从应用程序中抽取出来，由用户加以定义，实现了控制逻辑的"显式"表达，可以帮助管理者了解信息系统控制的方式，有利于控制过程的实现。

在智能的信息系统中，智能控制表现在对控制规则和控制方法的自适应和自学习方面。自适应控制可以看作是一个能根据环境变化智能调节自身特性的反馈控制系统，以保证系统工作在最优状态，在处理和分析过程中，根据过程特征自动调整处理方法、处理顺序、处理参数、边

---

① 参见本书第2章理论基础。

界条件或约束条件,使其取得最佳的处理效果;自学习是指可以通过对大量过程执行情况的记录和分析,由系统根据统计分析的结果自主修改控制规则,从而达到过程执行最优的效果。例如,系统可以根据用户的还款记录自动调整授予客户的信用额度和信用等级,或根据客户还款的习惯进行分析和推理,修改还款时间的限制等。

3. 支持业务过程的协同

协同是指协调两个或者两个以上的不同资源或者个体,一致完成某一目标的过程或能力。智能信息系统的突出特点之一就是根据业务流程目标,通过应用程序和模块间的组合和协同,高效快速地完成任务。任务执行中涉及的各类资源在过程模型的支持下,迅速组合又迅速释放,在此期间,协同成为连接各项资源、任务的关键技术。从协同内容层面看,智能的信息系统可以支持企业内部或企业间业务、流程、服务和数据四个层面的协同;从协同对象层面看,智能的信息系统支持 P2P、P2A、A2A 之间的协同。

4. 支持信息系统的按需配置

云计算方式下,企业信息系统的配置具有更强的灵活性。企业可以根据自身应用需求基于 IaaS、PaaS、SaaS 模式①按需配置信息系统资源,特别是在 SaaS 模式下,软件被当作一种服务,按照随需定制的方式向使用者提供。而基于云原生②的信息系统应该具备灵活配置、按需定制、开放动态的特征。系统更多的是通过多个微服务方式连接成企业所需的应用整体。同时,在现代企业信息化建设过程中,较为突出的问题是对遗留系统(Legacy System)的集成。遗留系统往往是异构(Heterogeneous)、自治(Autonomous)和分布式(Distributed)系统,简称 HAD 系统。所谓企业应用集成(Enterprise Application Integration, EAI)是指将基于不同平台、不同方案建立起来的异构系统进行集成的

---

① IaaS(Infrastructure as a Service 基础设施即服务)是指把 IT 基础设施作为一种服务通过网络对外提供。Internet 上其他类型的服务包括平台即服务(Platform as a Service, PaaS)和软件即服务(Software as a Service, SaaS)。

② 咨询公司 Deloitte 的董事总经理 Mike Kavis 说:"云原生应用程序专门设计用于运行现代云计算平台所需的弹性和分布式特性。""这些应用程序松散耦合,意味着代码不会硬连接到任何基础架构组件,因此应用程序可以按需伸缩,并采用不可变基础架构的抽象。通常,这些架构是使用微服务构建的,但这不是强制性要求。"

方法和技术。其主要解决的就是异构、自治和分布式应用问题。早期的信息系统主要专注于 HDA 系统之间的数据集成，而智能系统则更多的关注与企业行为之间的集成，即通过过程建模，在异构系统业务处理流程间建立联系，从而实现系统与系统之间的过程集成。

4.3.2 智能会计信息系统的应用特征

由于智能会计信息系统在构建方式的差别，也确定了智能会计信息系统在应用方面呈现出不同于传统信息系统的特征，主要表现在三个方面。

1. 智能会计信息系统是一个人机融合系统

按照在信息系统中业务活动的参与者（或资源）的属性分类，可将他们的连接关系分为三类：人员与人员（P2P）、人员与程序（P2A）和应用程序与应用程序（A2A）。P2P 是指在过程执行中，参与者以人员为主进行的过程，也就是说过程涉及的大多数任务需要人员的参与。典型的应用系统包括作业跟踪系统、项目管理工具、群件系统、视频会议工具等，通常 P2P 过程所涉及的应用程序主要用于由计算机支持的交互行为。A2A 是指在过程执行中，参与者以应用程序为主进行的过程，该过程中只有软件系统执行的任务。常见的该类过程主要在分布式计算以及分布式应用集成中。如事务处理系统、EAI 平台及基于 Web 的集成服务器等。P2A 是指在过程执行中，参与者即包括人员参与的任务和交互，也包括不需要人员干预执行的任务和交互。典型的应用系统如工作流系统。工作流系统即可提供对人员和应用程序两个方面的支持，又可用于人与人之间的交互，因此，以工作流方式构建的管理信息系统大多属于 P2A 过程。

传统的信息系统大多属于 P2A 系统，而在智能化环境下，人员、程序之间出现融合趋势。人、程序以及涉及的各类资源通过信息系统整合为一个整体，难以清晰地划分人、机界面。人可以成为指令的发出者，也同时可以是接受程序指令的执行者，程序和程序之间的联系也更多地通过自动化、智能化的方式实现。

2. 智能会计信息系统是一个松耦合系统

按照定义的业务模型与实际的业务执行实例是否符合分类，可以将信息系统分为无架构、Ad hoc 架构①、松架构和紧架构。无架构是指在过程执行中没有与过程对应的显式过程模型，也不可能定义出所谓的过程模型，例如，群件系统所支持的协同过程，比较常见的是文档协同编辑器以及桌面电视会议系统等。Ad hoc 架构是指过程模型是预先定义的，但在被废弃或变更前只被执行一次或很少的几次，例如，项目管理中的项目图，该模型只被执行一次。再如，科学计算中与计算对应的过程模型，该模型涉及了诸多的数据集和计算资源，但在同一个项目内只被执行一次。松架构是指过程有预先定义好的过程模型和一系列约束条件，预定义的过程模型描述了过程执行的一般方式或最佳方式，但在执行具体的过程实例时可以根据约束条件进行重新选择和配置。换言之，过程实例的执行轨迹是由其应用的上下文确定的，并可自动化的执行。大多数管理信息系统都属于该类型。紧架构是指预先定义的过程与过程实例完全一致，也就是说预定义的过程模型具有刚性，过程实例必须按照模型执行。紧架构在自动控制领域使用较多。

在智能会计信息系统中，由于实际业务模式的不确定性、模糊性，信息系统很难再采用紧架构方式，因此松耦合方式成为系统应用的主要特征。松耦合意味着信息系统的形态会发生明显变化。一是系统不再是大一统的集成模式，而是转变成若干个小微模块组合而成的应用程序集合，各微模块通过数据总线或交互方式实现连接，共同支持业务执行；二是业务执行过程不确定，系统参与者可以在系统的组织下，自主发起和执行业务流程，自主选择业务执行路径，以适应多变的外部环境变化；三是每一个小微模块将通过"容器"② 各自封装，以保证模块运行逻辑的合理性，并通过容器技术增强模块应用的标准化程度，提高对环境的适应性。

3. 智能会计信息系统支持跨组织应用

按照信息系统的边界是组织内还是跨组织可以将信息系统分为组织

---

① Ad hoc 原指一种特殊的无线网络应用模式，是一种点对点的连接，一旦采用该方式连接后，将无法与其他网络沟通。在软件工程中，Ad hoc 是指一次性的、特定的。在智能信息系统中沿用了这一含义。

② IT 里的容器技术是英文单词 Linux Container 的直译。Container 指集装箱或容器。容器的概念要求将程序封装在一起，从而可以实现与设备和其他资源无关，同时，封装后的容器具有标准化特征，可以便于容器的调用和复用。

内的信息系统和组织间的信息系统两类。组织内的信息系统主要针对组织内的应用程序，关注的是如何运用过程支持技术使得涉及组织内或部门内的人员和应用程序的业务过程可以自动化的执行。组织间的信息系统是指人员和应用程序的业务过程跨越了组织边界。近年来，过程跨越组织边界成为最新的发展趋势，例如，B2B（Business to Business）集成标准的出现标志着跨组织信息系统的产生。B2B 集成标准定义了一系列通用的 B2B 集成过程，如采购过程等。同时，组织和组织间的过程可能是一对一关系、一对多关系或多对多关系。

实际上，在现有的信息系统中，已经实现了跨组织应用。例如，供应链管理系统（SCM）、客户关系管理系统（CRM）等，但跨组织的应用仍然需要核心企业或核心节点的支持，系统仍然是围绕中心点进行运行和管理。而智能会计信息系统的跨组织应用是一种去中心点的应用。

由此可见，智能方法已逐渐扩展到信息系统应用的各个领域，并出现了大量的智能的信息系统。智能方法的发展趋势将更多地体现在专业领域知识的结合，并以此为基础构建面向专业应用领域的智能信息系统。

4.4　智能会计信息系统的开发模式

智能化带给信息系统的变化也影响着信息系统的开发模式、方法和技术。软件开发从过去的面向数据、面向对象以及面向组件等技术型抽象方法向业务流程动态建模以及业务模型驱动的业务抽象方向转变，目标是改变现有软件的可应用性，提高软件适应业务变化的能力。在程序或组件调用与共享的机制方面，可重用的粒度越来越大，且随着网络与分布式计算技术的发展，程序调用的方式也经历了从进程内、进程之间、主机之间向互联网中异构平台与环境下的服务器之间的调用与程序资源的共享，实现了紧耦合向松耦合的过渡，增强了应用程序的动态性与可扩展性。软件的开发过程将逐渐转变为基于业务过程管理（BPM）进行的企业业务流程建模，并通过业务模型驱动的方式来加速软件的开发过程。

4.4.1 智能信息系统的开发模式

一般而言,根据智能信息系统的开发模式可以分为开发专用过程支持系统和配置通用过程支持系统两种模式。

1. 开发专用过程支持系统

开发专用过程支持系统是指在明确系统目标的前提下,从草图开始构建专用的过程支持系统。该专用过程支持系统可以是一个软件库向应用程序添加智能特性,也可以作为一个过程执行平台为过程的设计、测试、部署、监控提供服务。这种定制方式能够较好地满足组织目标的实现和特定需求,但前期过高的开发成本和后期较差的可扩展性使该开发模式逐渐被用户抛弃。

2. 配置通用过程支持系统

通用的过程支持系统并不是智能信息系统的使用者开发的,而是借助于标准化的通用过程支持系统配置符合本组织目标的智能信息系统。在该模式下,不是进行程序的编码,而是通过配置通用过程支持系统构建企业的 PAIS。例如,典型的工作流管理系统如 Staffware 套件[①],它提供了未包含特定组织特性的组织流程和业务过程信息,当采用它来构造信息系统时,特定组织只需要对制定过程、应用、组织、实体等信息进行配置并依托工作流管理系统运行。该模式能够迅速地响应企业管理需求的变革,对过程的调整只需要通过对定义的调整即可完成,而不用重新编码;同时采用通用的工作流管理系统可以大幅降低前期的开发成本,系统可靠性高、稳定性强、可扩展能力强。因此,该模式成为目前智能信息系统构造的主流模式。

4.4.2 智能会计信息系统的生命周期

智能会计信息系统的生命周期可以划分为四个阶段:业务过程建模、过程实施(配置)、过程执行和过程诊断,各阶段相互衔接,通过迭代开发方式建立系统,且该系统始终不断改进并能根据企业流程进行

---

① Staffware 总部位于英国,是业内领先的工作流软件供应商,专业提供工作流及电子商务解决方案。Staffware 套件是其开发的工作流管理的工具集。

调整。开发过程如图 4-11 所示。

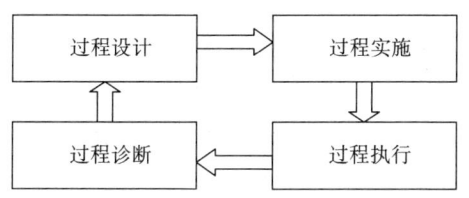

图 4-11 智能会计信息系统的生命周期

1. 过程设计

在过程设计阶段,根据企业管理需求,借鉴 BPM 方法,对原有流程进行优化和设计,并通过服务视图、流程视图、功能视图、信息视图、组织视图等多个维度抽象企业业务过程的特征,借助于模型驱动架构(MDA)的方法和技术,形成过程模型。常用的建模方法有企业动态建模、集成信息系统体系结构(Architecture of integrated Information System,ARIS)等。

2. 过程实施(配置)

在过程实施(配置)阶段,过程模型被进一步优化为由软件系统所支持的可操作过程。通常是通过对工作流管理系统、跟踪系统、案例处理系统或企业集成化平台的通用构架进行配置来实现的。同时过程实施阶段包含系统测试及部署。

3. 过程执行

在过程执行阶段,即可通过已配置的系统执行业务过程记录过程执行情况,检验业务执行过程的合法性。

4. 过程诊断

在过程诊断阶段,对已执行过程进行分析,使用过程挖掘等技术发现存在的问题并寻找可改进之处,并将结果反馈到过程模型上,触发对模型的修正和改进。

由此可以看出,智能会计信息系统采用了类似于原型法的开发方法,通过各阶段的迭代过程不断完善和修正系统,与原有信息系统不同的是,智能信息系统始终处在一个动态完善的循环中,以随时响应企业管理流程的持续变化。

4.4.3 智能会计信息系统的建模工具

1. 智能会计信息系统的建模工具集

在系统开发的不同阶段，智能的信息系统使用了不同的开发技术和工具。在过程设计阶段，以 BPM 和模型驱动架构为方法学基础，使用业务过程建模工具完成过程建模；在过程实施阶段，主要使用 WFMS 完成过程的定义和实现；在过程执行和过程诊断阶段，主要使用项目管理工具完成过程执行，利用过程挖掘技术完成过程的优化。对于不同阶段采取的开发技术和工具总结如表 4-1 所示。

表 4-1 　　　　智能信息系统开发技术与工具一览表

开发阶段	方法	开发技术	开发工具举例
过程设计	BPM、MDA	流程图法、IDEF、语言行为建模、数据建模、时间—运动分析、Petri 网、仿真方法、ARIS、企业动态建模、EPC 等	IDS Scheer 开发的 ARIS 开发支持工具；HP openview BPI
过程实施（配置）	工作流方法 企业应用集成	WFMS 及相关标准 企业应用集成方法	FLOWer 案例处理系统、Staffware 套件
过程执行、过程诊断	项目管理 过程挖掘 过程协同	鱼刺图法、认知绘图法等过程诊断方法	项目管理工具 AMS real-time 和 Microsoft Project、跟踪工具 JobPro Central

2. 事件驱动过程链介绍

本书将使用事件驱动过程链（Event-Driven Process Chain，EPC）描述智能会计信息系统的相关模型，因此，对 EPC 介绍如下：

EPC 是 20 世纪 90 年代初提出的一种图形化业务流程建模语言，由于 SAP R3 和 ARIS 等产品的成功而被广泛使用。它的用途在于描述业务流程的先后顺序，而不是着重于细节的语法定义，因此能很容易地被业务人员理解和使用。关于 EPC 的研究相当丰富，vailderAalst 等人在 20 世纪末提出了形式化的 EPC 语法定义，这之后的很多研究工作都集中于 EPC 的语义上。Mendling 等人提出了一种基于 XML 的转换格式，称之为 EPC MarkupLanguage（EPML），用于 EPC 文件的存储。

EPC 包括四个基本要素，分别是事件、任务和功能、组织和信息等。它们的定义及说明如表 4-2 所示。

表 4-2　　　　　　　　　　EPC 要素说明

要素	问题	实例
事件	什么时候应该做什么事	接受客户订单
任务和功能	该做什么事	创建物料主记录
组织	由谁来做	销售部门
信息	需要什么信息来做	物料、订单

同时，对 EPC 约定的符号表达说明如表 4-3 所示。

表 4-3　　　　　　　　　　EPC 约定的符号

指示	图标	定义	实例
事件	⬡	事件描述了某状态的发生，该状态反过来会作为一个诱发事件	接收到订单
功能	▭	功能描述了从初始状态到终止状态的转化	验证订单
组织单元	⬭	组织单元描述企业的概要结构。R/3 系统组织单元就是系统组织单元	销售组织
信息、物料或资源对象	📄	信息、物料或资源对象表示了现实世界的对象（如业务对象、实体）	销售订单检查结果
过程路径	▭	过程路径表明了过程之间的连接（导航辅助）	交货过程
逻辑运算符	∧ XOR ∨	逻辑运算符描述了事件、功能或过程之间的逻辑关系	XOR, AND, OR
控制流	⇣	控制流描述了事件、功能或过程的时间和逻辑独立性	
信息/物料流	⇄	信息/物料流定义了功能是否是可读、更改或可写的	

续表

指示	图标	定义	实例
资源/组织单元设置	————	资源/组织单元设置描述了哪个单元（员工）或资源过程功能或过程	

4.5 小结

本章在提出智能相关概念的基础上，总结了智能会计信息系统的基本特征，并进一步描述了智能会计信息系统的体系架构、运行原理和开发模式。

本章的主要观点有：

（1）参照技术接受模型设计了智能会计信息系统的逻辑模型，并通过与非智能信息系统的对比，认为智能会计信息系统在决策前置、风险识别、柔性响应、实时控制、自主学习等方面具有显著优势，并以逻辑模型为基础，分析了智能会计信息系统的工作原理。

（2）提出了智能会计信息系统的总体架构，包括体系结构、技术结构等。认为智能会计信息系统是一个 N 层结构，并采用工作流建模方式进行模型构建。

（3）对智能会计信息系统的应用优势、应用特征和开发策略进行了归纳和总结。

智能会计信息系统总体功能需求设计

将智能化方法引入会计信息系统,并参照智能会计信息系统的逻辑模型构建系统是本章研究的重点。因此,本章在对会计信息系统构建方法进行回顾的基础上,比较不同构建方法下会计信息系统的利弊,并进一步明确智能会计信息系统总体功能需求。

5.1 基于不同构建方法的会计信息系统比较

从会计信息系统构建方法角度分析,会计信息系统在其发展历程中采用了不同的概念模型[1],主要有 DCA 会计模型、事项会计模型、数据库会计模型和 REA 会计模型等[2]。习惯上将基于 DCA 会计模型构建的会计信息系统称之为传统会计信息系统,而将基于 REA 会计模型构建的会计信息系统称之为现代会计信息系统[3]。事项会计模型和数据库会计模型本质上与 REA 会计模型一致,且并未得到较为广泛的应用和

---

[1] 概念模型是在信息系统需求分析过程中,为使相关人员更好地理解和沟通业务领域内容,用形式化的方法对这些业务领域现象进行表示的结果,是组成信息系统需求规格说明的重要内容。

[2] 相关内容参见本书第 2 章理论基础与文献综述部分。

[3] 阿妮塔·S. 霍兰德等. 现代会计信息系统[M]. 杨周南,等译. 北京:经济科学出版社,2000.

研究。因此，本章主要以 DCA 会计模型和 REA 会计模型构建的会计信息系统为参照，与智能的会计信息系统进行比较和分析。

5.1.1 DCA 会计模型及其评价

1. DCA 会计模型概述

传统会计信息系统的目标是反映组织的财务状况，它使用借记 D（Debit）和贷记 C（Credit）的方法记录各种账户 A（Account）的金额，运用会计科目对经济业务事项进行分类反映，并进行汇总及输出财务报告。因此，会计学术界一般将传统会计信息系统称为 DCA 会计①，而将 DCA 会计所反映的组织财务视图称为 DCA 会计模型②③。

DCA 会计模型采用凭证和账表表示和记录组织的资金运动，反映组织的财务状况、经营成果和财务情况变动或资金流动情况。如果用实体—关系的形式表示 DCA 会计模型的基本组成，那么可得到如图 5-1④的结果。

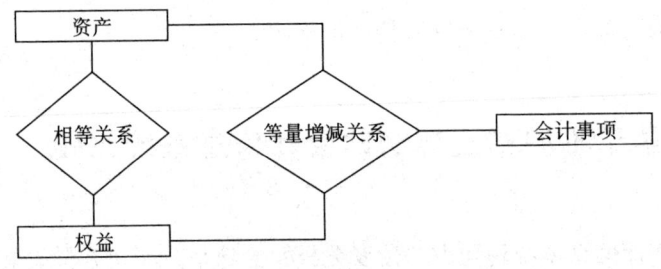

图 5-1　DCA 会计模型的构成

2. DCA 会计模型评价

无论是在手工会计核算中还是早期的会计电算化软件均采用了 DCA 会计模型，即使是在目前的 ERP 软件中仍然保留了它的痕迹。阿

---

① 毛元青，杨海东，张荣荣．基于 REA 模型的会计信息系统 [J]．哈尔滨商业大学学报（社会科学版），2006，89（4）：22-24．

② Dunn CL, Grabski SV. Perceived semantic expressiveness of accounting systems and task accuracy effects [J]. International Journal of Accounting Information Systems, 2000, 1 (2): 79-87.

③ Dunn CL, Grabski SV. An Investigation of Localization as an Element of Cognitive Fit in Accounting Model Representations [J]. Decision Sciences, 2001, 32 (1): 55-94.

④ 孙凡．会计模型使用质量的实验比较研究 [M]．北京：经济科学出版社，2009．

妮塔·S. 霍兰德在他的著作《现代会计信息系统》①一书中对基于 DCA 会计模型构建的会计信息系统的弊端作了全面总结，主要有：

弊端一：仅采集组织业务事件数据的一个子集——会计事项数据。会计师通过判断一项业务活动是否影响组织的财务报表来鉴定该业务事件是否应记入会计系统。

弊端二：数据并没有被实时记录和处理。传统会计信息系统的账户余额从来不是当前时点的余额。会计数据通常是在业务发生后收集，而不是在业务发生时实时采集。

弊端三：仅存储、处理会计事项的部分数据。传统会计系统并没有采集业务活动的全部数据，而只采集业务活动数据的一个子集——主要是会计事项的日期和其财务影响。传统会计记录会计事项的货币计量结果，而不包括信息客户所需的诸如生产力、执行情况、可靠性之类的其他信息。为了弥补这种不足，传统会计使用越来越多的脚注来披露这些信息。由于信息用户不能获取关于业务活动的详细信息，他们管理业务活动的能力就受到了限制。

弊端四：以高度汇总的方式重复采集、存储数据。在传统的会计模型中，原始凭证包含了业务活动的详细数据。这些业务活动的一部分数据被记入会计系统中。先是汇总记入日记账，然后在此基础上进一步汇总过入分类账。这种处理方法重复存储数据——同样的数据被存储多次，区别仅在于汇总程度不同。数据被汇总记入日记账或分类账后，就难于将其分解以反映业务的本来面目。

弊端五：只存储能满足主要视图需要的数据。传统会计未能存储数据以满足对业务活动的不同视图，它只是按照会计科目表来组织数据以编制财务报表。传统会计信息系统要求用户预先确定他们想了解业务活动哪些方面的信息，以此制定账户分类方案，依据这个账户分类方案来存储、汇总数据。这就限制了用户所能得到的信息种类，使管理者不能从多个不同角度探究、分析所采集的数据。

上述弊端的产生主要限于当时的管理环境和技术水平，DCA 会计

---

① 阿妮塔·S. 霍兰德等. 现代会计信息系统 [M]. 杨周南，等译. 北京：经济科学出版社，2000.

较好地满足了企业科层制管理体制,以满足财务部门信息加工为主要目的,限于"收益>成本"的原则,仅采集、加工和报送涉及货币计量的财务信息,并通过高度汇总方式向信息使用者提供会计信息。

但从目前应用的情况看,DCA 会计仍具有强大的生命力,甚至在较长的一段时间里仍然会占据主流,DCA 会计仍具有一定的优势,主要有:

优势一:DCA 会计从产生到现在经历了数百年的发展,形成了完整的概念框架和较为完善的公认会计原则体系,并形成了较为稳定的理论和应用体系,信息技术的发展没有从根本上对其带来变革。

优势二:以高度汇总方式对外提供会计信息更符合信息论的基本规律。香农认为量度信息的基本出发点是把获得的信息看作用以消除不确定性的东西,因此信息数量的大小可以用被消除的不确定性的多少来表示,也就是信息熵的概念。信息熵的概念揭示了信息传递的基本规律即以最小量的信息来尽可能地消除不确定性,单纯的依靠增加信息供给量并不能有效解决信息有用性的问题,相反还有可能带来信息的大量冗余。DCA 会计恰恰是经过长期的发展演变,不断形成了相对稳定的信息供给的最小集(财务报告),尽管由于环境变化和对会计信息相关性要求的提高,这一最小集受到了尖锐的批评,但在目前仍然是主流的会计信息提供方式。

5.1.2 REA 会计模型及其评价

1. REA 会计模型概述

REA 会计模型是由美国会计学教授麦卡锡[①]于 1982 年提出的。他认为,为满足会计信息系统既能支持财务决策又能支持非财务决策的需求,需要对利用组织业务过程所涉及的关键资源 R(Resource)、事件 E(Event)、参与者 A(Agent)等主要对象及其关系来描述组织的经济活动现象,其将用这种方法得到的概念模型称为 REA 会计模型。

REA 会计模型有三大特点:数据库导向(Database Orientation)、

---

① McCarthy WE. The REA accounting model:a generalized framework for accounting systems in a shared data environment [J]. Accounting Review, 1982, 57 (3):554-578.

语义导向（Semantic Orientation）以及结构导向（Structuring Orientation）。数据库导向是指以最原始的水平存储数据，不以财务视图过滤数据。语义导向是指以直观易懂的方式反映经济业务活动的本来面目，不使用抽象的概念（如借、贷、会计科目）描述经济现象。结构导向是指以资源、事件和参与者的形式捕获经济业务数据，并以它们之间所存在的存流关系、控制关系和双重关系的形式记录数据；不把财务过程和业务过程相分离。

按照 REA 会计模型，会计信息系统将采集事件（如采购订货、验收材料、支付货款），以及事件涉及的资源（如材料、现金）、参与者（如公司职员、供应商、银行）、发生时间和地点等原始的未经处理的详细数据，存放于包含事件表、资源表和参与者表的集成数据库中，通过报告工具生成用户所需的视图，从而支持各层次、各职能领域的信息需求。REA 会计模型的实现能从根本上解决传统会计信息系统难以满足会计报告的实时性和多视角的问题，解决业务数据的重复采集和储存的问题。REA 会计模型的基本构成如图 5-2 所示。

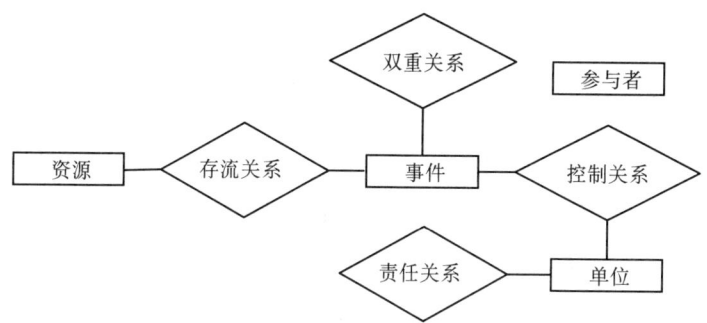

图 5-2 REA 会计模型的基本构成

2. REA 会计模型评价

REA 会计模型的提出是为了弥补 DCA 会计模型的不足，但从本质上讲，并不是对 DCA 模型的否定。二者都是通过对实体—关系的描述来构建面向数据的概念模型，其优势在于：

优势一：REA 会计模型不以抽象的借、贷描述经济活动，而是还原了经济活动的本来面目，即忠实地记录业务发生的各个侧面的信息，以便于信息的多维度汇总和检索。

优势二：较为有效地支持了业务活动和会计数据采集的集成，为财务业务一体化目标的实现奠定了基础，从而可以有效支持会计信息处理实效性的提高。

优势三：较为支持控制活动和业务活动的集成。通过对事件、参与者、资源及其相互关系的描述和抽象，实际上概括他们之间的控制关系，从而可以支持控制活动和业务活动的集成。

但从 REA 会计模型的理论研究和应用研究情况来看，理论研究超前于应用研究。从 20 世纪 80 年代到现在，理论研究一直没有间断，但应用研究在 20 世纪 90 年代初达到高潮，再后来就很少有了。迄今为止，没有用 REA 会计模型开发过一个完整的会计信息系统①。REA 会计在理论和应用领域还存在一些弊端，主要有：

弊端一：REA 模型只是一种数据模型，数据模型只是从数据结构这个侧面来反映系统，并不能从功能和结构等非数据方面解释系统，无法说明会计信息系统的基本原理、规则以及具体处理方法。

弊端二：REA 模型的实质是实体—关系模型的扩展，它仍然是面向对象方式，适宜对静态数据的描述，而无法支持企业的业务过程。

弊端三：REA 本身理论和概念还具有一定的模糊性，在实施领域缺乏完整的实施方法和技术支持。

弊端四：REA 模型反映了事件及其相关的属性和特征，但并没有揭示事件之间的逻辑关系，它更多情况下描述的是企业业务执行过程的一个静态数据"剖面"。

5.1.3 智能化会计模型②及其评价

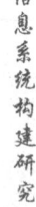

1. 智能会计模型概述

REA 模型的突出问题是它仅描述了业务过程中某一事件的静态数据，而无法反映整个流程执行过程的逻辑和时间序列，对流程的支持能力较弱。而面向过程的会计业务模型，它的优势在于对流程执行的管理

---

① 黄微平．关于会计信息系统模式的若干思考［J］．中国管理信息化，2005．
② 从目前研究和应用的情况看，智能会计模型还未上升到与 DCA、REA 等量齐观的高度，本书为说明智能会计信息系统的相关特性，将其与前二者进行比较分析。

和控制,但缺乏对数据管理的支持,因此,可以将二者结合,构建智能化的会计模型。智能化会计模型的核心之一是工作流技术,按照 WFMC 的定义,工作流是业务流程的全部和部分自动化,在此过程中,文档、信息或者任务按照一定的规则流转,实现组织成员间的协调工作以达到业务的整体目标①。工作流管理的关键是工作流建模,以控制工作流管理系统的执行,实现企业业务过程的自动化。在工作流模型中,不仅包括过程控制所需的逻辑,还涉及参与者信息和相关数据等。因此,工作流模型也可分为过程模型、组织模型和信息模型三个子模型,其中过程模型是核心。按照过程的定义,过程是一组活动或任务的集合,活动和任务在一定条件下,也可理解为事件,而过程模型实际上反映了事件及事件的执行逻辑和顺序。因此,可以考虑将过程模型和 REA 模型相结合,共同构建智能会计模型。

从研究现状来看,REA 模型设计中已经体现了面向过程的思想,Geerts and McCarthy②(1997)在原 REA 模型构件的基础上添加了进程(progress)的概念,进程的输入端表示资源的减少,进程的输出端表示资源的增加。这样一个进程相当于生产函数,并指出"从整体上看,通过二元关系把公司多个独立经济事件连接成为经济进程,通过流入—流出关系把这些经济进程连接成企业价值链"。国内一些学者(孙凡,2009)③ 认为 REA 会计模型采用语义建模的方法从业务过程视角捕获和表示组织关键的资源、事件和参与者数据,能为财务过程和业务过程的集成以及会计信息系统和其他信息系统的集成提供统一的数据模型,这非常迎合业务流程再造和信息系统集成的观点。到目前为止,REA 会计模型已被联合国电子商务与贸易促进中心(UN/CEFAT)吸收为业务过程建模模型④,被对象管理组织(OMG)集成到模型驱动体系结构

---

① Fan yushun、Wu cheng, Research on workflow management technology and current and future products, Computer Integerated Manufacturing System, 2000.6.

② Dunn CL, McCarthy WE. The REA accounting model: Intellectual heritage and prospects for progress [J]. Journal of Information Systems, 1997, 11 (1): 31 – 51.

③ 孙凡. 会计模型使用质量的实验比较研究 [M]. 北京:经济科学出版社, 2009.

④ Bergholtz M, Jayaweera P, Johannesson P, et al. Reconciling Physical, Communicative, and Social/Institutional Domains in Agent Oriented Information Systems – A Unified Framework [J]. Lecture Notes in Computer Science. 2003 (2814): 180 – 194.

(MDA)之中。

从技术层面看,REA 中定义的资源、事件、参与者等相关概念与业务流程定义中的相关概念相吻合①,因此,将 REA 模型嵌套到工作流背景中,通过工作流模型描述事件及事件之间的逻辑关系,建立过程模型和组织模型;通过 REA 模型描述过程执行中的会计信息模型,其原理如图 5-3 所示。

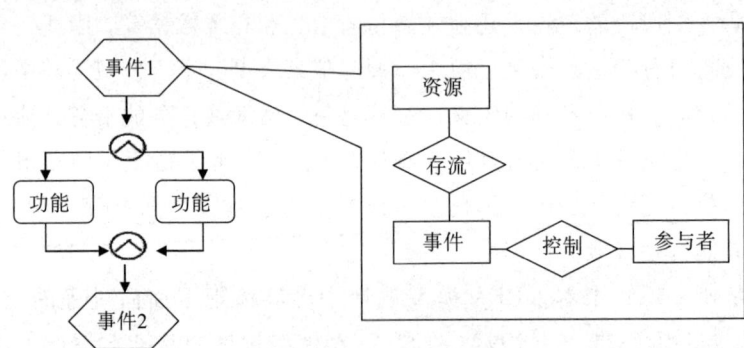

图 5-3　智能会计模型示意图

2. 智能会计模型评价

智能会计模型在构建理念上融合了工作流模型和 REA 模型的优势,既能够通过 REA 模型捕获会计专业领域的相关信息和数据,又能够通过工作流模型描述事件及事件之间的逻辑关系,同时,还引入了人工智能的思想,实现事件逻辑控制的自动化和智能化。其优势在于:

优势一:面向企业业务流程构建会计模型。将反映静态信息的 REA 模型和反映业务流程变化的动态过程模型结合起来,不仅反映资源、事件、参与者的状态,而且描述其发展和变化的规律。符合目前企业管理流程化的发展趋势,能够充分支持业务流程的持续改进,支持会计业务流程的柔性化。

优势二:强化了会计控制职能的发挥。在 REA 模型中添加了控制功能,但控制仅限于事件本身以及围绕事件的各项资源之间的控制关系,并不能从流程整体的角度对事件及事件风险进行描述,控制功能更

---

① 姚靠华等. 基于时间工作流的 REA 模型改进研究 [C]. 中国会计学会会计信息化专业委员会第七届年会论文集, 大连, 2008.

多地体现在具体的控制活动层面。而智能会计模型则通过对事件逻辑关系和执行路径的定义和描述，可以从流程层面识别企业风险并加以恰当控制。同时，逻辑关系的独立描述和定义也可以帮助企业管理层、执行层和外部相关利益者了解企业的控制和管理措施，有利于沟通和协调。

优势三：支持会计业务流程的扩展。通过过程模型和 REA 模型的组合，可以把会计模型的结构和概念不断地扩展，它的建模粒度向上扩展到价值链、向下深入到业务过程和业务事件，从而形成支持企业业务事件层、业务过程层和价值链层的概念模型。

优势四：有助于会计管理功能的发挥。服务于企业内部的管理会计具有更大的灵活性，固化的管理模式并不能适应企业的多样化需求。智能会计模型提供了会计管理功能向业务流程活动嵌入的途径。通过合理的事件粒度划分，可以抽象出会计领域特定的服务和功能，通过过程模型的定义和控制，可以将管理需求通过事件逻辑关系的描述加以表达。预算管理、成本管理、责任会计等相关内容可以融合到企业业务流程中①。

优势五：为企业会计业务流程执行的智能化提供支持。对事件逻辑关系的抽象不仅可以控制事件的执行顺序，也可以通过对事件执行轨迹的记录、跟踪和比较发现流程执行的更优路径，通过对事件日志文件的挖掘，发现并优化业务流程，实现业务流程优化的自适应和自学习。

但从理论和应用角度分析，智能会计模型还存在以下一些弊端：

弊端一：智能的信息系统虽然在近几年得到广泛的应用，但在概念结构、理论支持方面，还尚未形成较为完善的理论体系。在企业管理领域的应用主要集中在金融、保险等方面，在会计领域采用智能方法还相对较少。

弊端二：智能会计模型的引入必然会导致企业业务流程的重组和优化。相对于过于激进的 BPR②，智能会计模型更倾向于 BPM，不强调企业管理模式的彻底变革，而是关注于企业经营管理环境变化，推进人与

---

① 王世定. IT 环境下会计系统重构：一种融合理论和模型构建［J］. 会计研究，2004（9）.

② 由于业务流程重组成功的概率并不高，其创始人之一 Michael Hammer 在 2003 年接受《哈佛商业评论》访谈中也承认 BPR 过于激进。

人、人与系统以及系统与系统之间的整合及调整,归纳和总结最佳的实践路径和解决策略。但从实践来看,由于和传统的流程有较大的冲突,在实施过程中可能会有难度。

因此,智能会计模型并不是彻底的创新,它是对工作流模型和REA 模型的融合和发展,是对二者优势的继承和发展。它既保留了会计专业领域建模的特点和优势,又融合了面向流程管理的思想和方法,同时也符合现代企业管理改进的需求和信息技术发展的趋势,因此,基于智能会计模型构建会计信息系统成为可供选择的路径之一。

5.1.4 基于 DCA、REA 和智能会计模型的会计信息系统比较

关于 DCA、REA 和智能会计模型的会计信息系统比较如表 5-1 所示。

表 5-1 基于 DCA、REA 和智能会计模型的会计信息系统比较

	DCA	REA	智能化模型
系统目标	满足特定财务信息需求	支持相关财务信息和非财务信息的需求	支持企业综合报告,满足决策需求
驱动方式	视图驱动	事件驱动	过程驱动
应用范围	财务部门	企业内部业务流程	企业内外部价值链
系统功能	财务数据采集、加工、报告编制	财务及非财务信息采集、加工	业务流程自动化、支持企业决策和管理
控制能力	数据完整性、一致性检查	事件及事件涉及资源控制	流程控制
控制时间	事后评价	事中控制、事后评价	事前决策、事中控制、事后评价
控制逻辑	内嵌入程序,无法修改	内嵌入事件属性,可修改,但缺乏事件整体逻辑关系描述	控制逻辑抽象独立表达,自动修改和完善
时态表达	静态数据	静态数据	动态流程
复杂度	静态数据采集,简单	静态截面数据,简单	支持异步、并发,复杂

续表

	DCA	REA	智能化模型
对环境适应性	弱	较弱	强
建模方法论基础	面向数据	面向对象	面向活动
开发策略	程序编码	中间件技术、组建技术	大规模编程，SOA、MDA
开发周期	长	长	短
易维护性	弱	较弱	强

5.2 智能会计信息系统功能需求分析

需求分析的主要任务是明确系统应该做什么，是对信息系统总体功能的逻辑概括和表达。通过需求分析可以明确智能会计信息系统的主要功能和系统边界。按照系统论的观点，任何系统的设计必须服从于一定的目标，会计信息系统也不例外，因此，必须在明确会计信息系统目标的前提下，按照业务流程的观点对会计业务流程进行分析，明确智能会计信息系统应具备的功能。

5.2.1 会计业务总体流程分析

会计业务流程是服务于会计目标的一系列会计活动按照一定方式组成的集合。随着会计目标的变迁，会计业务流程也不断改进和完善。

本章以会计契约观作为分析会计业务流程的基点，据此可以给出基于契约观下会计业务流程的总体框架，如图 5-4 所示。

由图 5-4 可知，根据会计信息在契约执行中的作用可以将会计业务流程分为四大类①：一是公司内部治理层、管理层和会计组织间以风险规避和合规为目的的内部控制流程；二是以满足企业内部管理者决策为主要目标的管理和决策流程；三是企业与其外部协作伙伴之间的协同过程；四是企业相关利益者（主要是政府、中介机构、股东、债权人、

---

① 该分类只是站在契约观的视角对流程进行分类，是对流程主要特征的描述。

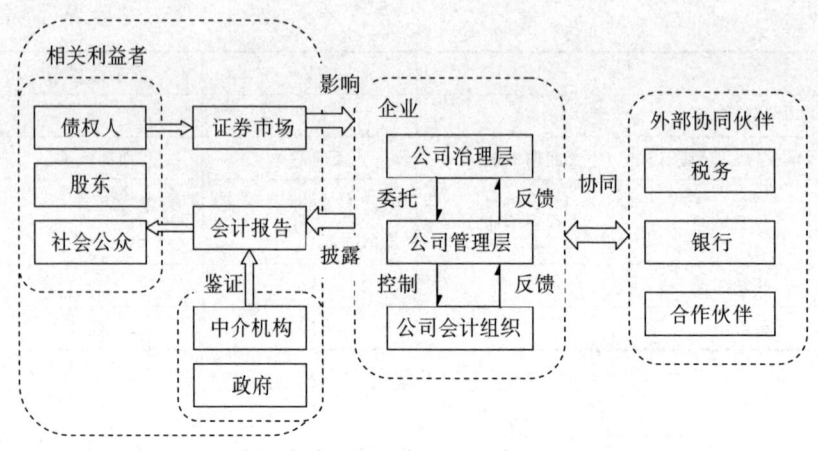

图 5-4 基于会计契约观的会计业务流程总体框架

社会公众等)接受企业披露的会计报告,并通过证券市场、监管机构向企业施加影响的过程。在实际执行中,各个流程并不是相互孤立存在的,而是相互依存共同达到既定的流程目标。例如,在会计报告披露过程中,同样存在会计报告内部控制过程,以保证会计报告符合会计信息质量特征。按照业务流程管理的观点,一是任何一个业务过程均是上述各类流程的结合体,即为达到特定目标的增值活动;二是对构成业务流程的各项活动在空间、时间和承担角色以及转换进行安排的控制和管理活动;三是为保证产品或服务质量而进行的必要资源分配和协同活动。在智能会计信息系统中,以业务流程为纽带,实现了增值活动、控制活动、资源分配活动、协同活动的一体化。

5.2.2 智能会计信息系统主要功能分析

根据对会计业务流程的总体描述,会计报告流程、内部控制流程、会计决策流程和会计业务协同流程构成了会计业务流程的主体,同样,在智能会计信息系统中,它们也构成了系统的核心功能。

1. 柔性化会计报告功能

按照业务流程管理的观点,业务流程重组的主要方式之一是面向客户或服务设计业务流程。会计信息系统的最终产品是会计报告,因此,满足企业及其相关利益者对会计报告的需求是会计信息系统的主要功能。无论是在早期的 DCA 会计、REA 会计还是智能的会计信息系统,提供用户满意的会计报告始终是系统构建的主要目标。相对于前二者而言，智能会计信息系统在报告功能上体现出更大的柔性和综合性。

柔性是报告灵活度的体现，构造柔性报告的关键点在于两个层面：一是实现报告方式的转变，改变由信息提供者按照既定的规则向信息使用者提供相关报告的方式，将报告提供的主动权让渡给信息使用者，由信息使用者确定需要获取哪些信息，并借助于专门的辅助工具实现信息获取；二是报告编制的规则和逻辑可见，即报告加工规则和逻辑是可"感知"的。传统的会计报告过程更类似于一个"黑箱"，用于编制财务报告的的基础数据仅按照特定财务报告的需求采集，无法反映业务过程的全貌，报表编制规则完全由信息提供者掌握，信息提供者即可能选择有利于自身利益的规则加工会计报告，也可能出于某种目的有选择性地披露信息，从而降低会计报告的价值。智能会计信息系统将报告加工规则和逻辑显式的定义在过程模型中，信息使用者可以了解信息加工过程，甚至选择不同的加工逻辑对同样的数据进行处理来比较结果差异，从而有效支持决策。

智能会计报告系统的综合性体现在：基于 DCA 模型生成的会计报告仅仅是综合报告的一个子集。在综合报告中，既包括财务报告，也包括内部控制评价报告甚至有关信息审计和鉴证报告，它们均按照柔性报告的机制在同一个平台支持下完成报告任务。

2. 内部控制功能

智能会计信息系统将业务逻辑从应用程序中抽取出来并通过过程模型加以描述，从而实现了业务执行逻辑和管理规则的"显式"表达。智能会计信息系统对内部控制的支持体现在三个方面：一是实现结果评价向过程控制的迁移，目前的会计信息系统主要借助于绩效评价的方式对执行过程进行事后评价，有一定的滞后性，智能的会计信息系统可以通过过程监控工具监控过程的执行，并自动探知过程执行的状态及时调整过程执行策略，实现了过程模型向过程实例的动态迁移。二是"显式"的过程模型定义为会计信息的使用者提供了有效的沟通方式，会计信息的使用者均可以通过过程模型定义了解业务流程执行的各项规则和控制策略，有助于内部控制制度的实现，提高会计信息的可靠性。三是可实现对过程执行涉及资源（人员、信息、应用程序等）的控制，也可对过程中任务执行路由的控制，可以帮助企业管理层及时识别控制过程，从总体上了解过程执行风险，并加以适当的控制。而基于 DCA 和 REA 构建的会计信息系统较为缺乏对业务过程整体的控制能力。

3. 科学决策与管理功能

决策是管理的核心。一般而言，决策流程包括三个环节：分析、预测和决策。分析是根据历史数据和环境变量对已经发生的事项进行评价，查找问题的原因；预测是根据内外部情况对未来发生事项的可能性做出评估和判断；决策是指综合各种因素，结合目标和风险偏好，在众多的可能性中选择最有利于决策者的选项。三个环节相互衔接、密不可分。

传统的会计信息系统对决策的支持能力较弱，主要通过静态的指标对企业财务状况做出分析和评价，决策则主要通过人工方式进行。在现代信息技术的支持下，特别是大数据技术的成熟，信息系统对财务决策的支持能力得到强化。一方面，企业可以借助于大数据技术，实现对分布式数据、非结构化数据、海量数据的动态实时处理，大大提高了决策的效率；另一方面，智能会计信息系统中引入大量算法和模型，支持复杂的决策行为，通过决策方法的改进提高决策的科学性。此外，会计决策过程和会计核算过程通过系统连接为一个整体，而不是孤立的两个系统，从而使实时决策成为可能。

4. 跨企业的会计业务协同功能

会计协同功能是在业务流程扩展到企业间甚至企业群落背景下，会计信息系统应具有的功能。从协同内容上看，实现从简单的数据协同向多层次协同转变。目前的会计信息系统主要通过数据交换方式实现数据协同，即结果协同，协同效率低下；在业务流程多变的背景下，过程协同的重要性逐渐被认可，协同双方均希望通过过程协同提高效率。从协同方式上看，传统的点对点的协同已不能满足企业业务流程管理的需求，特别是在 Web2.0 支持下，企业的业务流程更多地表现为一个社区或一个企业群落之间的协同。因此，智能的会计信息系统应具备支持多层次、多对多之间的协同功能。

5.3 智能会计信息系统性能需求分析

信息系统的功能是满足使用者的用途,性能则是指达到功能要求的质量特征。在信息系统的研究中,不仅要注重功能的分析,同时也必须分析信息系统的性能需求,根据智能会计信息系统的工作原理和技术结构,其应具备三个性能指标。

5.3.1 灵活性

智能会计信息系统的灵活性(Flexibility)主要体现在三个层面:一是系统构建方式的灵活性。前已述及,智能会计信息系统采用云原生技术和分层架构,系统的各项功能被封装在容器中,系统的构建可以通过对各个功能容器的组装而获得,系统构建避免了单纯的硬编码方式,提高了系统构建的灵活性。二是系统应用方式的灵活性。智能系统随需而变的特征能够快速满足用户的个性化需求,用户需求的改变不是通过代码修改完成,而是通过对标准部件的重新组合获得,同时借助于云服务模式,实现应用的快速部署和灵活配置。三是用户业务流程的灵活性。在智能化系统中,自主学习和自适应是基本特征,系统可以根据用户需求和执行状态,智能化地选择执行路径和执行方式,从而提高业务流程的灵活性,并通过自主学习能力增强系统的适应性。

5.3.2 兼容性

兼容性(Compatibility)是指硬件之间、软件之间或是软硬件组合系统之间的相互协调工作的程度。在智能化系统中,系统的构建更多地是通过各类资源和组件的配置和协同实现的。因此系统的兼容性是非常重要的指标。

兼容的前提是标准化。标准化是指在经济、技术、科学和管理等社会实践中,对重复性的事物和概念通过制订、发布和实施标准达到统一,以获得最佳秩序和社会效益。标准化为科学管理奠定了基础。所谓科学管理就是依据生产技术的发展规律和客观经济规律对企业进行管理,而各种科学管理制度的形式都是以标准化为基础的。例如,在网络领域,OSI(Open System Interconnection)是一个开放性的通信系统互连参考模型。OSI 模型有 7 层结构,每层都可以有几个子层。OSI 的 7 层从上到下分别是 7 应用层、6 表示层、5 会话层、4 传输层、3 网络层、2 数据链路层、1 物理层;其中高层(即 7、6、5、4 层)定义了应用程序的功能,下面 3 层(即 3、2、1 层)主要面向通过网络的端到端的数据流。

兼容的第二个基础是分层技术。大多数的计算机网络都采用层次式结构,即将一个计算机网络分为若干层次,处在高层次的系统仅是利用较低层次的系统提供的接口和功能,不需了解低层实现该功能所采用的算法和协议;较低层次也仅是使用从高层次系统传送来的参数,这就是层次间的无关性。因为有了这种无关性,只要新的模块与旧的模块具有相同的功能和接口,即使它们使用的算法和协议都不一样,层次间的每个模块也可以用一个新的模块取代。分层技术可以很容易地讨论和学习协议的规范细节,层间的标准接口方便了工程模块化,创建了一个更好的互连环境,降低了复杂度,使程序更容易修改,产品开发的速度更快,每层利用紧邻的下层服务,更容易记住各层的功能。

在智能化环境下,需要系统具备更强的兼容性,以实现对各类资源的动态调用和管理协同,同时,兼容性也使得系统和系统之间能够通过更便捷和低廉的衔接方式实现系统边界的动态扩张。

5.3.3 高可靠性

在信息技术领域,高可靠性(High Reliability)指的是运行时间能够满足预计时间的一个系统或组件。可靠性可以用"100%可操作性"或者"从未失败"这两种标准来表示。在传统的信息系统中,高可靠性是通过建立备份和冗余存储方式实现的。而在智能化系统中,高可靠性所依赖的是两个关键技术环节,一是去中心化,通过去中心化摆脱对单一中心节点的依赖,提高可靠性;二是通过负载均衡、自动备份和恢复提高可靠性。

5.4 智能会计信息系统的可行性分析

一般地，信息系统可行性分析从经济可行性、组织可行性和技术可行性三个方面展开。本章也从经济、组织和技术三个层面对智能会计信息系统构建的可行性进行分析。

5.4.1 经济可行性

经济可行性是从"效益/成本"角度评价一个会计信息系统是否可行的最基本、最常用的方法。前已述及，局限信息系统发展的因素之一就是系统实施成本居高不下。而造成成本偏高的主因在于系统可维护性和可扩展性差。智能会计信息系统采用大规模编程思想，通过提高模块复用度降低成本，同时通过合理灵活的资源配置能力迅速构建适应企业业务流程的信息系统，相对于传统的会计信息系统构建方法，智能会计信息系统在经济可行性上具有明显优势。

5.4.2 组织可行性

组织可行性表现为两个层面：一是企业的管理架构是否适应新系统的实施；二是是否具备相应的人员适应新系统带来的在知识能力、行为习惯等方面的差异。智能会计信息系统从业务流程视角构建信息系统，更符合使用人员的应用习惯和行为逻辑，较容易被接受。此外，随着业务流程管理思想日益被接受和认可，企业组织结构也逐渐向服务于客户方式靠拢，扁平化组织、矩阵式组织都给智能会计信息系统的实施带来便利。

5.4.3 技术可行性

技术可行性可以从信息系统基础架构、建模方法、建模工具等多个角度分析。从信息系统基础架构角度分析，智能会计信息系统基于目前主流的 SOA、MDA 和 S+S[①] 软件架构，SOA 面向业务应用，屏蔽了底层的技术细节，有助于企业 IT 的快速变化，MDA 支持快速的模型构建和转换，于 SOA 一起成为智能会计信息系统的构建平台；从建模方法角度分析，智能会计模型充分融合了工作流建模和 REA 建模的优点，分别承担过程建模、组织建模和信息建模的作用，具有较强的可行性；从建模工具分析，目前智能已经形成了较为完备的工具集，能较好地支持系统的开发和部署。

同时，人工智能相关技术的引入，特别是过程优化和挖掘技术的广泛使用，为构建智能化的、具有自适应和自学习能力的信息系统奠定了基础，它也成为智能会计信息系统区别于非智能会计信息系统的主要差异之一。

综上所述，智能方法向会计信息系统的引入，将从会计业务和 IT 技术两个层面对其带来影响：从会计角度分析，将实现系统构建从面向功能到面向流程的转变，以更好地适应企业业务流程的柔性需求，同时强化会计信息系统的控制功能和协同功能；从 IT 技术角度分析，系统借助于工作流技术，融合模型驱动架构（MDA）的相关方法，实现对流程的执行、控制和优化，并可通过过程挖掘技术实现系统的自适应和自学习。

因此，在总结智能会计信息系统功能需求的基础上，可以给出智能会计信息系统的概念：其是指引入智能方法构建的，面向会计业务流程，具有柔性报告功能、内部会计控制功能和跨企业协同功能的，具有自主优化和学习能力的会计信息系统。

5.5　小结

本章在总结和分析智能方法对会计信息系统构建影响的基础上，分

---

① 在 2007 年微软的技术大会上，首次提出并认为 S+S 模式将是未来 5~10 年中战略性技术之一。该技术是在 SaaS、SOA、MDA 以及 Web2.0 等技术相互融合的基础上，将桌面 OFFICE 应用、服务器端应用、在线服务以及智能终端设备进行无缝集成，并通过将软件在可操作性、可伸缩性以及可扩展性等方面的优点与服务在维护性、低成本、交付便捷性等方面的优点相融合，从而在用户应用体验、交付模式、企业联盟以及业务聚合等方面提供全新的架构模式。

析了智能会计信息系统的需求和构建可行性,并提出了智能会计信息系统的层次结构和总体架构。本章的主要观点有:

(1) 会计信息系统的发展规律和客观需求与智能信息系统的发展相适应,随着智能信息系统应用领域的不断扩大,基于智能的会计信息系统构建成为可能,并且能够有效支持会计业务流程柔性化、内部控制嵌入和跨平台的业务协同。

(2) 通过对 DCA 会计模型、REA 会计模型、智能会计模型的比较和分析,认为将 REA 模型与工作流模型融合形成的智能会计模型更有助于实现会计信息系统流程柔性化的需求,有助于内部会计控制的落实和面向企业价值链的应用。

(3) 从会计契约观的角度分析了会计业务流程主要包括报告流程、内部控制流程和会计协同流程,并进而分析认为上述流程构成了智能会计信息系统的核心流程。

(4) 在总体结构上,智能会计信息系统不是一个孤立的封闭的信息系统,而是一个集成了多个应用和程序的企业集成应用平台,并遵循了工作流管理系统的基本逻辑框架。

(5) 在运行原理上,智能会计信息系统以过程模型为驱动,支持过程管理和过程监控,并可进一步支持过程的优化。所有的过程执行逻辑从程序中抽取出来,并以显式的方式加以表达,使得过程变更不再需要对底层编码的修改,而是利用过程定义工具直接修改得到,从而可以有效支持企业业务流程的持续改进。

第6章 智能会计信息系统核心流程设计

智能会计信息系统构建的核心是会计业务流程设计,包括会计报告流程模型、内部控制流程模型、会计决策流程模型、会计协同流程模型。本章将按照业务流程管理的思想,对会计业务流程进行分析和诊断,并构建会计业务的核心流程模型。

6.1 智能会计信息系统业务流程设计原则、方法与诊断指标

智能会计信息系统在流程设计的原则和方法上,借鉴了 BPM 的思想和理念以及工作流管理的相关技术,其核心是以过程为中心,摆脱传统分工理论的束缚,提倡顾客导向、组织变通、员工授权及正确使用信息技术,达到快速适应环境变化的目的[①]。本节主要介绍智能会计信息系统流程设计的原则、方法和诊断指标体系,以利于实现会计信息系统的业务流程模型的构建。

---

① Richard G. ligus: Methods to Help Reengeering With your Company for improved Agility, IE,1993.

6.1.1 智能会计信息系统业务流程设计原则

Hammer（1993）在提出业务流程管理的概念同时，也给出了七项指导原则①，该原则也同样适用于智能化信息系统的业务流程设计。

（1）围绕结果而不是任务分配组织资源：即组织结构的设置不再依据传统的职能部门，而是按照执行的结果设置组织和角色，实现组织结构从纵向服务于企业管理者转变为横向服务于客户。

（2）由使用流程结果的用户驱动流程：企业的业务流程不再是"推"的方式，而转向了"拉"的方式，由用户驱动业务流程执行，进一步缩短了对用户的响应时间，提高了用户满意度。

（3）信息处理过程与业务过程集成：在业务发生的同时完成信息采集和处理，而不是依靠单独的信息处理过程完成信息加工任务。

（4）将地理上分散的资源看作集中的资源：在手工环境下，地理分散的资源难以协调，而在网络环境下则突破了这一障碍，地理上分散的资源可以通过网络连接成一个整体。

（5）将并行的活动横向连接，而不是将结果集成：增强并行活动的横向协同和联系，而不是简单对结果进行集成。

（6）将决策点设置在发生地，将控制置于过程内部：将过程中的决策和控制活动尽可能前移，减少独立于实际工作之外的过程决策或控制行为。

（7）在信息源一次性获取信息：传统的职能组织结构往往按照各自部门的信息需求采集描述业务特征的一个子集，据此得到的输出视图难以概括业务的全貌；各个部门分别独立完成信息采集、加工和输出任务，不仅造成资源的极大浪费，而且由于输出数据在一致性和完整性方面存在缺陷，无法有效支持决策行为。因此，在业务流程管理中，应尽可能一次性采集业务数据并在信息系统的支持下传递相关数据和信息。

6.1.2 智能会计信息系统业务流程设计方法

在 H. A. Reijers 教授的文献②中，提出了基于最佳实践的 30 种典型

---

① Michael Hammer and James Champy：Reengeering the Coporation，Harper Business，1993.
② H. A. Reijers：Design and Control of Workflow Process：Business Process Managerment for the Service industry，Spring – Verlag，berlin，2003.

流程设计技术。所谓最佳实践是指在相似环境或配置下重复使用的解决特定问题的最好办法,是根据过程的不断改进和完善而逐步得到的。在设计之初,设计人员根据设定的一系列性能指标从现有工作流抽取或重新设定业务流程,并根据性能指标的拟合度,考虑最佳实践的可行性,产生一个新的业务过程,并在此基础上不断迭代,直到满足需求为止。而最佳实践又可以作为相似环境下业务流程设计的参考模型。因此,最佳实践大多是经验的总结和归纳,而不是经过严格的逻辑推理和数学运算得到的。

根据最佳实践的作用不同,H. A. Reijers 教授将其分为 7 大类,共 30 种,本书对其总结如表 6-1 所示。

表 6-1　　　　　　　　典型流程设计技术一览表

类别	适用范围	技术	实现策略
任务最佳实践 Task best practices	用于优化业务过程中的单个任务	任务移除法	尽可能将不产生价值增值的任务从业务过程中删除
		任务拆合法	将多个小任务合并为一个复合任务,或将一个任务拆分成若干个小任务
		任务自动化	尽可能运用自动化手段完成任务
路由最佳实践 Routing best practices	用于改进业务过程中的路由结构	顺序重排法	将任务移动到更合适的位置来执行
		快速退出法	将任务按照终止可能性从大到小排列,以及将任务按执行成本从小到大排列
		控制再定位法	尽可能将控制活动移动到客户前端,并交由用户执行相关控制
		并行法	尽可能使任务能够并行执行
		筛余法	将一个任务分成多个备选任务

续表

类别	适用范围	技术	实现策略
分配最佳实践 Allocation best practices	用于业务过程中资源的特定分配方式	实例管理员法	让一个人专门负责实例的管理,并由其负责与客户沟通
		实例指派法	尽可能将同一个实例中的多个活动交给同一个人执行
		客户团队法	将不同部门的人员组合在一起完成特定的实例
		专才优先法	尽可能保留最有灵活性的资源
		资源集中法	将地理上分布的资源在逻辑上以集中的方式对待
		责任划分法	将同一个责任分配给同一个人或资源
资源最佳实践 Resource best practices	用于关注资源的类型和数量	数量精简法	尽量减少参与到业务过程中的资源数量
		附加资源法	在处理能力不足的情况下,增加特定资源
		专才通才法	使资源变得更加专业化或更加通用化
		授权法	尽可能将控制权分散到业务流程中去,减少集中决策
外联最佳实践 Best practices for external parties	改善与客户或第三方实践的沟通和协作	集成法	将第三方或外部资源集成到业务过程中来
		外包法	将过程的部分或全部委托第三方执行
		标准接口法	建立与第三方标准的接口规则
		减少联系法	尽可能降低与第三方或外部资源的联系频次
		缓存信息法	通过订阅方式将信息存放
		外部认证法	采用可信赖机构提供的信息并做出决策

续表

类别	适用范围	技术	实现策略
整体最佳实践 Integer best practices	从整体的角度改进业务	实例分类法	对执行实例进行分类管理,以便发现新的类型
		技术支持法	通过技术手段来增加过程执行的必要约束
		异常隔离法	让设计的过程尽可能符合一般情况,而将异常情况交给独立的流程去执行
		实例驱动法	将批量执行的任务和周期执行的任务从业务过程中分离出来

上述最佳实践并没有严格的界限,在大多数情况下是同时使用的,并作为构造业务流程的基本方法。

6.1.3 智能会计信息系统的业务流程评价指标

魔鬼方框(Devils Quadrangle)[①] 是评价业务过程性能的常用工具之一,它设计了过程评价的四个维度:时间、成本、质量和灵活性。理想情况下通过 BPM 可以缩短处理时间、降低过程执行成本、提高服务质量、增强业务过程的适应性。但实际上,一个维度上的改进往往带来其他维度效果的削弱,魔鬼方框需要在四个维度间做出合理的取舍权衡,以保证流程设计的最优效果。如图 6-1 所示。

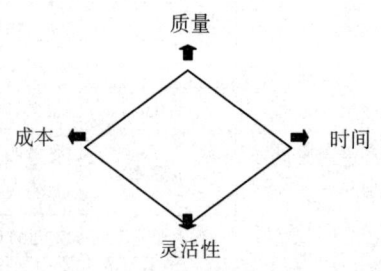

图 6-1 魔鬼方框示意图

---

① N. Brand and H. van der Kolk: Workflow Analysis and Design. Kluwer, 1995.

1. 质量维度指标设计

业务过程的质量可以从客户角度和员工角度衡量,即所谓的外部质量和内部质量。外部质量通过客户对产品或者过程的满意度来衡量,包括用户需求的满足度,以及客户接收到的信息的数量和质量等;内部质量则表现为员工对业务流程执行的控制能力。

2. 成本维度指标设计

Kaplan[①]等人提出使用作业成本法(Activity – based Costing,ABC)可以有效度量企业增值活动和非增值活动的成本量化信息,并给出了有关的计算模型:

$$T = A + B + C = \sum_{i=1}^{I} b_i x_i + \sum_{i=1}^{I} \sum_{j=1}^{J} d_j Y_{ij} + C \quad (公式6-1)$$

其中,T表示流程总成本;A代表流程变动成本,是指与单位作业执行相关的成本支出,如支付的单位人工费用、单位材料费用等;b_i代表I产品单位成本;x_i表示I产品的数量;B代表流程长期变动成本,是指在两次作业流程变动之间所持续的成本支出,即调整作业成本,它与作业量无关,而与作业调整次数成正相关;D_j表示J作业单位成本;Y_{ij}表示I产品消耗J作业的数量;C代表流程的固定成本,是指在一定范围内,不随作业量变动而变动的固定成本支出,如投入的设备、办公场所等。

3. 时间维度指标设计

业务过程的重要性能指标是业务过程的执行时间(也称为过程周期、吞吐时间),即从一个实例执行开始到结束的时间。业务流程管理的目标之一就是缩短执行时间。执行时间由三方组成:服务时间、排队时间和等待时间。服务时间,指资源用来实际处理案例的时间;排队时间,案例在队列中等待可用资源的时间;等待时间,等待与其他过程同步的时间。

4. 灵活性维度指标设计

灵活性是指对变化的适应能力,主要包括:资源是否能够执行不同任务的能力;整体业务流程是否能够从全局角度处理不同案例和不同负载的

---

① Kaplan.R: Yesterday's accounting undermines production, Harvard Business Review, 1991, 1 – 2.

能力;业务管理是否能够改变过程结构和资源分配的能力;组织是否能够根据市场或者业务伙伴的需要,改变业务过程的结构和响应方式的能力。

6.2 会计报告流程模型构建

6.2.1 会计报告流程分析

会计报告流程是指以财务会计概念框架为基础,依据相关的会计准则和制度,对会计信息进行采集、加工、整理并对外披露的过程。对应于财务会计概念,则可以归纳为确认、计量和报告的过程。

忽略会计报告过程的细节,可以抽象出会计报告的元流程①,如图6-2所示。

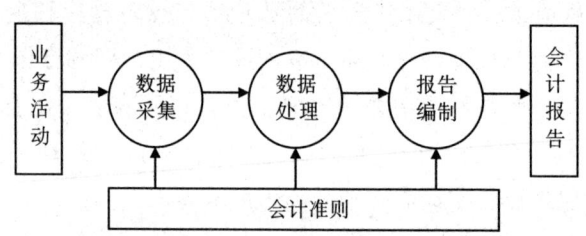

图6-2 会计报告流程

由图可知,会计报告流程可以划分为三个阶段。

(1) 原始数据采集阶段。根据相关业务部门提供的原始单据进行整理和审核,并根据原始单据编制会计凭证。

(2) 会计数据处理阶段。根据会计凭证整理得到各类分类汇总信息。

(3) 会计信息报告阶段。会计信息报告阶段按照规定的报表格式和编制方法编制财务报告并对外报送。

无论是在手工环境、会计电算化环境还是目前的 ERP 环境下,上述流程的本质并未发生根本性变化,只不过是局部应用实现了自动化。

---

① 元流程是对流程的高度抽象和概括。

在会计电算化阶段,由计算机代替人工完成了记账过程和会计报告编制过程;在 ERP 环境下,以实现财务业务一体化为目标的会计信息系统通过与相关业务系统的一体化处理,实现了原始数据的自动采集和后期处理的自动化。

6.2.2 会计报告流程诊断

长期以来,对会计报告的批评和质疑始终不绝于耳,按照业务流程的观点,可以从会计信息质量特征要求出发,从时间、质量、成本和灵活性维度分析现行会计报告流程的缺陷。

1. 质量维度分析

会计报告流程的最终产品是会计信息,对会计信息质量的研究一直是会计理论研究领域的热点问题,其中美国财务会计准则委员会提出的"会计信息质量特征"得到了广泛的认可。

FASB 认为,相关性和可靠性是会计信息应具备的首要质量特征。相关性由预测值、反馈值和及时性构成;可靠性由可核性、中立性和反应真实性构成。次要和交互作用的质量特征是可比性和一致性。提供会计信息还受到普遍性约束条件——"效益>成本"以及承认质量的起端——"重要性"的约束。

按照 FASB 的解释,在成本效益原则的约束下,为满足会计信息决策有用性的总体特征要求,会计信息必须具备相关性和可靠性两个关键质量特征。相关性是指企业提供的会计信息应当与财务报告使用者的经济决策需要相关,有助于财务报告使用者对企业过去、现在或者未来的情况做出评价或者预测;可靠性是指企业应当以实际发生的交易或者事项为依据进行确认、计量和报告,如实反映符合确认和计量要求的各项会计要素及其他相关信息,保证会计信息真实可靠、内容完整,并由此派生出会计信息质量的次级特征。

从质量维度分析,目前会计报告无法满足相关利益者信息需求的首要问题是无法协调相关性和可靠性之间的矛盾。为此,一些学者提出了相关解决方案,如薛云奎[①](1999)提出了会计频道的概念,提出增加

---

① 薛云奎. 网络时代的财务与会计:管理集成与会计频道 [J]. 会计研究,1999 (11).

会计报告的多样性满足信息使用者的信息需求；肖泽忠（2000）[①] 提出按使用者的需求来提供财务信息的"大规模按需报告模式"，旨在通过提供按需编制的报告来满足不同使用者多样化的信息需求；李端生（2004）[②] 提出了"需求决定型"的财务报告模式，认为将会计信息加工权让渡给会计信息使用者可以有效地改善会计信息质量。上述观点的核心均是实现会计信息的多重计量以满足信息需求者的不同需求。此外，会计信息质量的问题集中在信息需求者对会计信息可靠性的质疑，类似于"黑箱"的会计信息加工过程使外部使用者甚至是公司治理层均对会计信息的可靠性产生怀疑。在会计信息生产过程不可见的情况下，企业可以通过选择有利于自身利益的会计政策进行信息加工，这为企业留有了舞弊的空间。

2. 时间维度分析

从时间维度分析，信息技术对会计信息及时性有显著提升。在手工环境下，业务流程的执行时间主要耗费在服务时间上，即：进行凭证编制、账簿登记汇总、报表计算编制等环节，在业务量大的情况下人工处理效率低下，为提高工作效率采取的流程优化策略是增加会计记账人员，以提高记账这一环节的并行处理能力；在会计电算化环境下，由于使用计算机进行处理，使记账过程实现了自动化，从而大大降低了流程的服务时间，传统的并行设计的会计核算岗位可以合并或取消，而由系统完成各项汇总、统计和计算任务，但随之而来的是等待时间成为限制流程效率提高的瓶颈。会计人员必须等待相关业务部门提供的原始单据才能够进行后期的会计处理，会计业务流程的整体效率并没有明显提升；在 ERP 环境下，一些先进的系统实现了会计流程向业务流程的植入（Build-in），即：会计业务处理环节特别是数据采集环节集成在业务处理过程中，并根据业务处理的状态自动生成对应的会计分录，会计业务处理流程的效率得到极大提高。在此情况下，限制时间效率提高的因素来自于企业与企业间的协同。同时，受会计准则的影响，定期报告的编制策略仍限制了会计信息及时性的特征。

---

① 肖泽忠. 大规模按需报告的公司财务报告模式 [J]. 会计研究, 2000 (1).
② 李端生, 续慧泓. 论网络环境下的会计报告模式 [J]. 会计研究, 2004 (1).

3. 成本维度分析

从成本维度分析，受到"收益＞成本"条件的约束，企业按照单一的信息加工规则和呈报方式编制财务报告，其会计信息的生产成本较低。但低成本是以牺牲客户（会计信息需求者）对产品（会计报告）的满意度为代价的。Robert S Kaplan 在《相关性的缺失：管理会计兴衰史》① 一书中指出信息提供成本大于收益是相关性缺失的主要原因。计算机的广泛应用可以大大提高会计信息处理的效率，网络技术及 XBRL 的推广和应用可以降低会计信息传递和格式转换的成本，而智能方法的采用可以进一步降低会计信息生产过程的控制成本，从而使成本效益约束出现松动。基于成本约束而无法实现的多样化报告、实时控制、嵌入式审计均成为可供选择的手段。

4. 灵活性维度分析

从灵活度分析，目前提供的单一格式的会计报告并没有满足用户对灵活性的需求，用户更希望能够根据不同的应用需求，挖掘得到相关的会计信息，而不是被动地接受固化的会计报表。

6.2.3 会计报告流程建模

1. 会计报告流程设计目标

根据对会计报告流程的诊断结果，结合流程设计的相关原则和方法，会计业务流程设计应从以下角度改进：

（1）由用户驱动会计报告流程。提高用户满意度的策略之一就是将业务流程的驱动权移交给用户。在信息化背景下，由用户驱动完成会计报告流程已经成为可能。用户驱动包括两层含义：一是报告提供方式的转变，即系统自动感知用户需求，并根据用户需求向其推送符合需求的相关报告和信息；二是将会计信息的加工权让渡给企业外部的信息使用者，由他们采用协同方式，对企业的相关数据进行再加工或信息挖掘，在此情况下，信息使用者将确定采用何种规则和格式生成相应的会计报告，从而使报告加工规则对用户可见，提高会计报告的可靠性。

（2）感知用户需求，构建个性化柔性报告体系。会计报告的编制具有

---

① Robert S Kaplan. 相关性的缺失：管理会计兴衰史［M］. 北京：清华大学出版社，2004.

较强的专业性,在用户知识结构和理解能力差异较大的情况下,构建个性化的报告体系,以降低报告编制的难度,增强可理解性,是会计报告改进的方向之一。个性化报告要求系统能够感知和分析用户的信息需求和偏好,向用户推送有关的参考信息和辅助工具,实现会计信息的多样化呈报。

(3) 建立开放的协同会计报告模式。在互联网环境下,借助于云计算、大数据等相关技术,可以建立包括会计信息提供者、会计信息签证者、会计信息挖掘者和会计信息使用者在内的开放式的协同会计报告流程①。会计信息提供者(企业)负责尽可能地提供较为详尽的会计数据和信息;会计信息鉴证者(审计机构、企业往来客户、银行、税务)提供对信息的鉴证和参照服务;会计信息挖掘者(中介服务机构)对企业提供的信息进行分析、评价和比较,实现信息的再加工,并提供给信息使用者;信息使用者根据自身需求,构建个性化的信息获取和浏览界面,并负责驱动整个流程的运转。

(4) 构建综合会计报告。综合报告(Integrated Report,IR)② 旨在提高财务资本提供者可获取信息的质量,实现更具效率和效果的资本配置。在借鉴各种不同的公司报告流派的基础上,促成一种更连贯、更有效的公司报告方法,以反映所有对机构持续价值创造能力产生重大影响的因素。综合报告的目标在于实现更具效率和效果的资本配置,报告的方式力求打破静态的、无关联的报告模式,而采取动态、可持续、相关联的报告模式,报告的内容侧重于财务数据和非财务数据的整合,兼顾企业相关利益者的应用需求。智能会计信息系统的架构能有效地支持综合会计报告的构建,动态、多维、持续的报告体系可以有效地支持资本配置和管理。

2. 会计报告流程模型的构建

根据前文分析,结合智能方法,可以对会计报告流程描述如图 6-3 所示。

---

① 杨周南,刘梅玲. 会计信息化标准体系构建研究 [D]. 会计信息学研究课题,江苏省教育厅 2009 年度高校哲学社会科学基金项目 "09SJD880080" 的阶段性成果。

② 综合报告框架由国际综合报告委员会(IIRC)制定,IIRC 是一个由监管机构、投资者、公司、标准制定者、会计专业人士和非政府组织(NGO)组成的全球联盟。该联盟成员有一个共同的看法,即公司报告演变的下一步应该是有关价值创造的沟通。

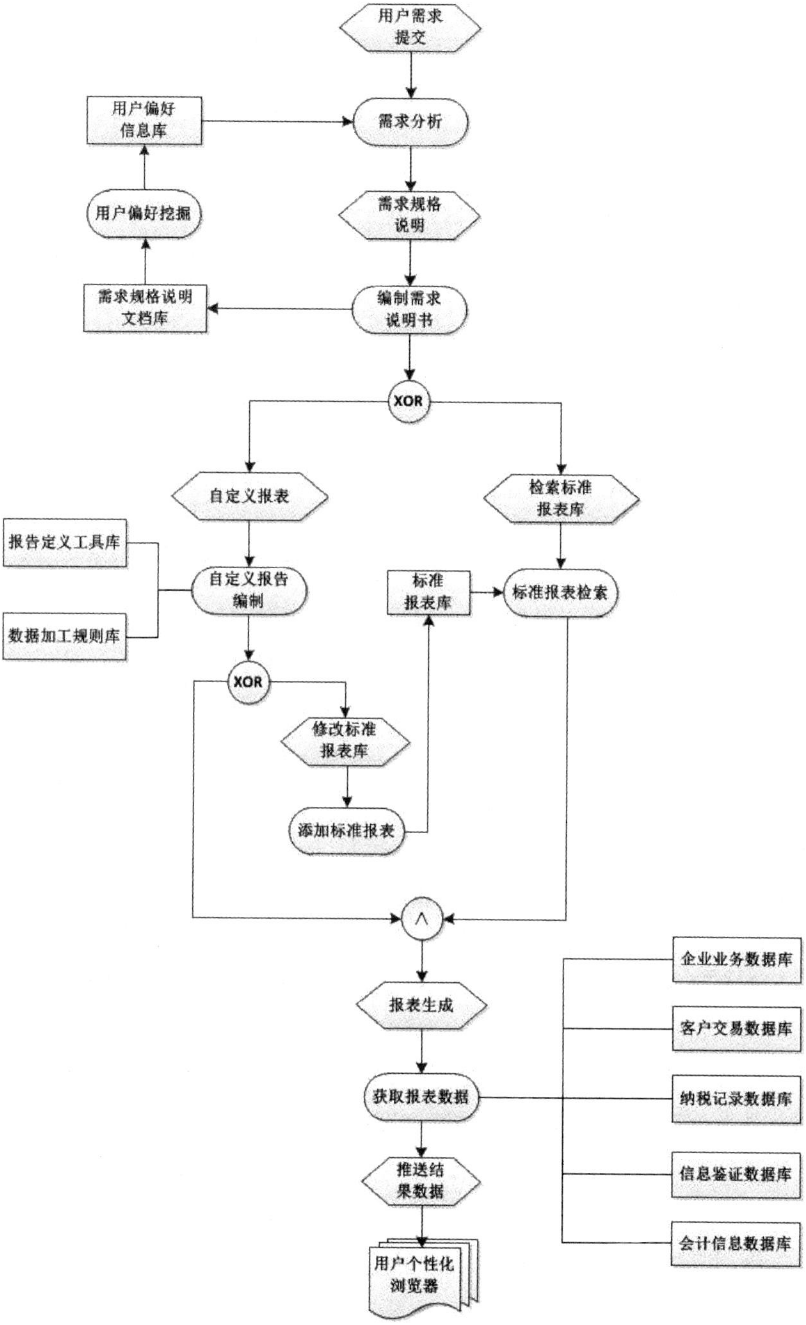

图 6-3 会计报告流程模型

对该流程模型的执行过程如下：

（1）用户向系统提交需求，或系统根据用户历史需求提交记录以及用户偏好库提供的相关信息，对用户需求进行分析，并明确用户需求的具体信息目录。

（2）编制需求规格说明书，并将其添加到需求规格说明文档数据库中，同时，根据该数据库中的相关记录，挖掘或修正用户偏好，将结果填加到用户偏好信息库中。

（3）系统自动检索用户提交的需求是否能够通过标准报告模板得到，如果能满足用户需求，则调用标准报告模板。

（4）若不能通过标准报告模板满足用户需求，则调用报告定义工具和数据加工规则，生成自定义报告，并确定是否将自定义的报告添加至标准报告库中。

（5）执行报表生成功能，从企业业务数据库、客户交易数据库、银行交易数据库、纳税记录数据库、信息签证数据库、会计数据仓库中获取相关数据，并按照报告模板定义的数据加工规则计算得到会计报告。

（6）采用推送方式，根据用户需求得到的会计报告推送至用户个性化的信息浏览界面。

上述流程是智能会计信息系统执行的流程，但从用户角度而言，上述流程非常简单，用户登录系统，系统自动识别用户身份，判断用户的使用权限，然后根据用户的需求偏好信息自动将会计报告目录推送至用户界面，用户打开相应目录浏览相关信息，系统自动记录用户的浏览记录，并将记录得到的信息进行挖掘整理后添加至用户偏好信息库中。

国外相关机构也开始了类似的研究，如微软、纳斯达克和普华永道共同进行的"EXCEL投资者助理"创新实验项目采用了近似的流程设计。普华永道将21家在纳斯达克上市公司的数据转换成XBRL数据后上传至中心数据库，用户打开投资者助理时，既由工作簿借助于Web服务访问中心数据库，并返回一个列出所有可供调用的XRBL文档目录，供用户确定范围后返回相关数据并触发EXCEL完成后期分析[①]，

[①] 潘琰，林琳. 公司报告模式再造：基于XBRL与Web服务的柔性报告模式［J］. 会计研究，2007（5）.

但显然该流程还缺乏对用户需求的识别能力。

3. 智能化会计报告流程模型的实现

（1）会计报告流程模型实现的技术问题。从技术角度分析，实现上述流程的关键问题有四：一是需要记录企业业务流程完整信息的数据库；二是需要建立标准化的数据交换格式；三是需要提取会计数据的动态机制；四是需要系统具备对用户需求的分析和识别能力。

关于企业业务流程的完整数据库可以通过 REA 会计模型[①]的应用得到，即通过 REA 建模方式构建记录企业业务流程全面信息的数据库。

关于建立标准化的数据交换格式则可以通过可扩展的商业报告语言（XBRL）的推广和应用得到。2010 年 10 月 19 日，我国发布了可扩展的商业报告语言技术规范系列国家标准和企业会计准则通用分类标准，标志着会计信息化标准化的建设拉开帷幕，尽管目前的 XBRL 分类标准仅针对会计报告做出定义，但随着应用的不断深入，XBRL GL[②] 的出现实现了对 XBRL 的补充和扩展。XBRL GL 可展示各账户与账簿中的所有信息，不仅包括财务信息，而且还包括非财务信息；XBRL GL 具有系统独立性（System Independent），任何软件开发商都可以设置输入、输出程序将信息转换成 XBRL GL 格式。具有不同操作系统的公司通过 XBRL GL 可以直接与多种会计系统相连，而不必与每一个会计系统都设置一个特殊的链接；此外，XBRL GL 通过将 XBRL 财务报告与支撑 XBRL 财务报告的详细资料相连，为审计工作、预算编制及详细报告等提供了所有有关的信息。因此，借助于 XBRL 技术构建标准化的信息交换平台成为可能。

关于获取会计数据的动态机制则可以借助于智能的会计信息系统实现。智能的会计信息系统基于 SOA、Web Service 架构，它们提供了支持异构环境下分布式计算和基于 Internet 的远程通信和互操作的底层标准。智能的会计信息系统则按照流程的运行逻辑将分布在不同空间的、

---

① 关于 REA 模型的详细说明见第 3 章。

② XBRL 国际组织于 2005 年 7 月 12 日公布了账簿分类标准框架技术体系 1.0（GL Taxonomy Framework Technical Architecture1.0）。它基于最近的 XBRL2.1 规范（XBRL 2.1Specification），是未来利用 XBRL 处理财务和企业信息进程中的一大飞跃。XBRL GL 2005 目前已处在 XBRL 国际认可型（acknowledged）地位。

异构的服务、程序、数据、人员等资源按照一定的执行顺序和时间顺序连接起来,通过对流程的管理和控制完成既定的流程目标。因此,可以通过智能的会计信息系统将分属于不同主体的信息按照通用的数据标准格式组织在一起,将各主体需要共同协作的任务按照定义好的逻辑交给不同的程序、人员去完成。这也是智能信息系统的优势所在。

关于对用户需求的分析和识别能力的实现,则可借助于人工智能的相关方法实现,其中个性化主动信息服务①(Personalized Active Information Service,PA - IS)是目前研究的热点领域。PA - IS 的特征是信息服务系统根据每个用户的信息需求和用户的个性化偏好,主动搜寻相关信息,并采用在线智能推送的方式将信息准确地传递给信息使用者。其数学模型②描述如下:

假定用户偏好度为 y,影响 y 的因素有 n 个,分别是 $x_1, x_2, x_3, \cdots, x_n$,它们之间存在线性关系:

$$y = \beta_0 + \beta_1 x_1 + \beta_2 x_2 + \ldots + \beta_k x_k + \varepsilon \qquad (公式6-2)$$

其中,ε 表示随机变量,且假设 ε 服从于 $D(0, \sigma^2)$。为了对参数 β 做出估计,假定对 y 和 $x_1, x_2, x_3, \cdots, x_n$ 作 n 次独立实验,得到 n 组观察值(y_i, x_{i1}, $x_{i2} x_{i3}$, $\cdots$, x_{ik}, $i = 1, 2, \cdots, n, n >= k + 1$),它们满足关系:

$$y_i = \beta_0 + \beta_1 x_{i1} + \beta_2 x_{i2} + \ldots + \beta_k x_{ik} + \varepsilon_i$$

其中,$i = 1, 2, \cdots n, n >= k + 1$

用矩阵来表示上式,则可以得到:

$$y = \begin{Bmatrix} y_1 \\ y_2 \\ \vdots \\ y_n \end{Bmatrix} \quad \beta = \begin{Bmatrix} \beta_1 \\ \beta_2 \\ \vdots \\ \beta_n \end{Bmatrix} \quad \varepsilon = \begin{Bmatrix} \varepsilon_1 \\ \varepsilon_2 \\ \vdots \\ \varepsilon_n \end{Bmatrix} \quad x = \begin{Bmatrix} 1 & x_{11} & x_{12} & \cdots & x_{1n} \\ 1 & x_{21} & x_{22} & \cdots & x_{2n} \\ \vdots & \vdots & \vdots & & \vdots \\ 1 & x_{n1} & x_{n2} & \cdots & x_{nn} \end{Bmatrix}$$

---

① 个性化主动信息服务的英文缩写与智能信息系统相同,本书为区别二者,将个性化主动信息服务的英文缩写表示为 PA - IS。

② 赵学梅,朱恩亮. 网站用户偏好度的数据挖掘模型 [J],盐城工学院学报(自然科学版),2009(3).

则公式 6-2 可以转化为：

$Y = X\beta + \varepsilon$

其中，X 为已知的 $n \times (k+1)$ 阶矩阵，表示用户偏好度的资料矩阵，β 为 $k+1$ 维的未知列向量，且 ε 是满足如下条件的 n 维随机变量：

因此可以得到如下的用户偏好度模型：

$Y = X\beta + \varepsilon$

$$\begin{cases} E(\varepsilon) = 0 \\ Cov(\varepsilon,\varepsilon) = \partial^2 I \end{cases}$$

这样，可以使用最小二乘法得到 β 的估计：

$\hat{\beta} = (X'X)^{-1}X'Y$ （公式 6-3）

（2）会计报告流程模型实现的机制问题。单纯的技术并不能解决上述模型的实现问题，会计报告流程模型实现的前提是企业能够提供足够的会计信息。因此，必须建立相应的机制以保证企业披露更多的信息供需求者使用。一般来讲，按照信息披露意愿，企业会计信息披露可分为强制披露和自愿披露两种方式。强制披露是由权威部门通过立法或制度的方式强迫企业对外披露相关的财务和非财务信息；自愿披露则是企业根据自身的诉求，披露强制披露之外的相关信息。研究表明①：会计信息质量高的企业倾向于披露更多的信息。在市场充分竞争和交易成本为零的理想状态下，披露信息更多的企业总能比披露信息少的企业获得更多的信任，从而可以得到更为优质的资源。

因此，智能化会计报告流程模型的实现是一个循序渐进的过程，除按照相关准则披露的信息外，税务和银行相关的信息也可部分采用强制披露的方式实现；对于自愿披露的信息，则通过市场环境下，信息需求者、企业和企业服务中介机构之间的博弈逐渐完善。企业为获得更好的资源，倾向于披露质量更高的信息；而信息使用者认为企业披露信息越详尽，其可靠性越高，因此，会将更多的资源通过证券市场投向该企业，进一步刺激企业披露更多的信息，在互联网环境下的财务报告中，通过对美国上市公司网上信息披露的分析，发现越来越多的企业提供了

---

① 杜兴强. 公司治理生态与产权博弈研究 [M]. 北京：中国财政经济出版社，2006.

会计准则以外的相关信息①。同时，信息的加工权并没有完全移向信息使用者，而是转向了信息服务中介。信息服务中介凭借良好的专业知识能力和信誉，对企业提供的信息按照用户需求进行加工，并负责向其推送，逐步形成了对会计信息鉴证数据库和面向决策的会计信息仓库，用于会计数据分析和比较。这两类数据库是随着中介市场的日趋繁荣而逐步建立起来的，并且在物理上分属于不同的机构，它们在数据标准和SOA等技术的支持下，实现逻辑上的共享和互操作。同时，信息中介还担负着制作信息分析工具和数据加工规则的任务，在将数据推送给信息使用者的同时，将这些工具和任务提交给用户使用，并从中获利。用户将更多地通过订阅的方式获取符合自身需求的会计信息。在此背景下，一个开放的、协同的、基于互联网社区互助式的会计报告平台得以形成。

6.3　内部控制流程模型构建

6.3.1　内部控制流程分析

1. 内部控制定义

关于内部控制有两种定义：一是控制制度说，内部控制是企业为提高经营效率保证会计报告及相关信息质量，保护资产安全而制定和实施的一系列控制方法、制度和程序的组合；二是控制活动说，内部控制是企业按照一定控制标准实施的、旨在实现合理保证企业经营管理合规合法、资产安全、信息完整、效率提高、促进企业实现战略的过程②。同时，在我国2008年颁布的《企业内部控制基本规范》（以下简称规范）总则中，对内部控制作了如下定义③：" 内部控制是由企业董事会、监事会、经理层和全体员工实施的、旨在实现控制目标的过程。" 由此可

---

① 王松年. 国际会计前沿（第三版）[M]. 上海：上海财经大学出版社，2010.

② 玉林，内部控制相关概念的探讨 [C]. 《企业内部控制与风险管理论坛》论文集，2008.

③ 中华人民共和国财政部. 企业内部控制基本规范 [Z]. 2008.

以看出,规范认同了内部控制活动说。本书认同会计内部控制活动说的观点,认为会计内部控制过程是为实现会计目标,而由企业董事会、监事会、经理层和全体员工实施的会计控制活动的集合。

2. IT 环境下内部控制流程

随着 IT 应用的不断深入,相关机构和研究组织都颁布了相关的框架、标准或规范来应对 IT 对内部控制的影响。Benjamin Bae, Ruth W. Epps 和 Susan S. Gwathmey(2003)① 将众多的控制框架分为两类:一是以业务为核心的控制框架,代表性的有 COSO② 发布的《COSO 内部控制整合框架》和 SAS③ No. 55,SAS No. 78 等;二是以 IT 为中心的控制框架,代表性的有 ITIL④、ISO/IEC17799⑤ 以及 COBIT 等。分类的标准源自对 IT 的认识,即 IT 是引致风险的需要控制的对象还是借助于 IT 实现对业务流程控制的方法和手段。随着 IT 技术逐步转化为企业管理流程的重要组成部分,上述两类观点逐渐出现融合的趋势,IT 的应用既可能给企业带来风险,同时又成为企业实现内部控制的方法和手段。

(1) COSO 定义的内部控制流程。在 COSO 颁布的《企业风险管理整合框架》⑥(ERM 标准)中指出,企业风险管理是一个过程,它由一个主体的董事会、管理当局和其他人员实施,应用于战略制定并贯穿于企业之中,旨在识别可能会影响主体的潜在事项,管理风险以使其限制

---

① Benjamin Bae, Ruth W. Epps and Susan S. Gwathmey, Internal Control Issues: The Case of Changes to Information Processes, ISACA, 2003.

② COSO 委员会(全美反舞弊性财务报告委员会发起组织,Committee of Sponsoring Organizations of the Treadway Commission, 缩写 COSO)。1992 年美国 COSO 委员会发布《COSO 内部控制整合框架》以来,该框架已在全球获得广泛的认可和应用。

③ Statement on Auditing Standards (SAS) No. 55: Consideration of Internal Control in a Financial Statement Audit, commonly abbreviated as SAS 55, is an auditing statement issued by the Auditing Standards Board of the American Institute of Certified Public Accountants (AICPA) in April 1988.

④ ITIL(IT infrastructure library)是英国政府中央计算机与电信管理中心(CCTA)在 20 世纪 90 年代初期发布的一套 IT 服务管理最佳实践指南,旨在解决 IT 服务质量不佳的情况。

⑤ ISO/IEC17799——信息安全管理的国际标准,由英国提出,1999 年被作为国际标准 ISO/IEC17799: 2000。

⑥ 反财务舞弊委员会 2004 年在广泛听取了各方意见和建议之后,结合《萨班斯—奥克斯利法案》的相关要求,颁布了一个概念全新的 COSO 报告——《企业风险管理总体框架》(Enterprise Risk Managerment - Integrated Framework)。

在该主体的风险容量之内,并为主体目标的实现提供合理保证。

企业风险管理包括八个相互关联的构成要素,它们源自管理当局的经营方式,并与管理过程整合在一起。

①内部环境:管理当局确立关于风险的理念,并确定风险容量。所有企业的核心都是人(他们的个人品性,包括诚信、道德价值观和胜任能力)以及经营所处的环境,内部环境为主体中的人们如何看待风险和着手控制风险确立了基础。

②目标设定:必须先有目标,管理当局才能识别影响目标实现的潜在事项。企业风险管理确保管理当局采取恰当的程序去设定目标,并保证选定的目标支持主体的使命并与其相衔接,以及与它的风险容量相适应。

③事项识别:必须识别可能对主体产生影响的潜在事项。它包括表示风险的事项和表示机会的事项,以及可能二者兼有的事项。机会被追溯到管理当局的战略或目标制定过程。

④风险评估:要对识别的风险进行分析,以便确定管理的依据。风险与可能被影响的目标相关联。既要对固有风险进行评估,也要对剩余风险进行评估,评估要考虑到风险的可能性和影响。

⑤风险应对:员工识别和评价可能的风险应对措施包括回避、承担、降低和分担风险。管理当局选择一系列措施使风险与主体的风险容限和风险容量相适应。

⑥控制活动:制定和实施政策与程序以确保管理当局所选择的风险应对策略得以有效实施。

⑦信息与沟通:主体的各个层级都需要借助信息来识别、评估和应对风险。广泛意义的有效沟通包括信息在主体中向下、平行和向上流动。

⑧监控:整个企业风险管理处于监控之下,必要时还会进行修正。这种方式能够动态地反映风险管理状况,并使之根据条件的要求而变化。监控通过持续的管理活动,对企业风险管理的单独评价或者二者的结合来完成。

(2) COBIT 定义的内部控制流程。在信息化环境下的内部控制和审计领域,COBIT 已经成为事实上的标准。COBIT 是由 ISACA 下设的

IT治理委员会颁布的控制框架,从1996年颁布1.0版本到2007年以更新至4.1版本。COBIT揭示了IT过程、IT资源和业务需求之间的关系,体现了COBIT关注业务、面向过程、基于控制和度量驱动的基本特征。如图6-4①所示。

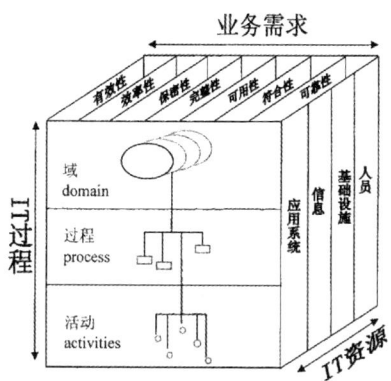

图6-4 COBIT立方体

COBIT采用了目标导向,逐层分解的策略实现IT控制,COBIT控制框架包括四个域,即计划和组织、获取与实施、交付与支持、监督与评价,以及34个过程。COBIT仍然较多地关注了IT控制本身,而对IT环境下的流程控制关注不够。

(3) COBIT对COSO的补充。COBIT作为COSO框架的补充已经得到了较为广泛的认可,大多数国际性组织在采纳COSO评估框架的同时,也采用了COBIT的控制标准②。COSO是一个高度抽象和概念框架,并没有给出具体控制目标和控制标准,同时对IT环境对内部控制的影响估计不足;COBIT不仅具有较强的综合性和可实施性,同时也提供了控制的成熟度模型,覆盖了IT控制的全过程。但从风险管理角度考虑较少,对企业全局层面关注度较低,二者对内部控制认识的差异可通过表6-2进一步辨识。

---

① 陶黎娟. IT环境下我国财务报告内部控制研究 [D]. 厦门大学,2009.
② Tuttle. B and S. D. Vandervelde, An empirical examination of COBIT as an internal control framework for information technology, International Joural of Accounting Information System, 240 - 263.

表 6-2　　COSO 与 COBIT 对内部控制认识的差异比较

项目	COSO	COBIT
主要对象	管理层	管理层、审计师、用户
将内部控制看作	过程	一系列的过程，包括政策、实践和程序
框架目标	(1) 经营的效率和效果 (2) 财务报告的可靠 (3) 法规遵循 (4) 战略目标	(1) 经济有效的运行 (2) 机密性 (3) 信息的真实可用 (4) 财务报告的可靠 (5) 法律、法规的遵循
关注领域	八个要素：内部环境、目标设定、事项识别、风险评估、风险应对、控制措施、信息与沟通、监控	四个领域：计划和组织、获取与实施、交付与支持、监督与评价
应用范围	企业全部	IT 及相关
责任人	管理者	管理层、业务流程所有者

综上所述，COSO 为管理层提供建立、评估和报告内部控制的措施和建议；COBIT 为过程管理者提供全面的平衡信息系统风险和控制的方法。二者在运用层面上有所差异，但在基本思想上保持一致。因此，将二者结合作为构建智能会计信息系统内部控制流程的参考，可以在全面考虑企业管理层需求的基础上，同时关注过程的执行、控制和评价。本书沿用 COSO 提出了风险导向的内部控制流程，同时结合 COBIT 在过程控制中的具体措施和方法，如图 6-5 所示。

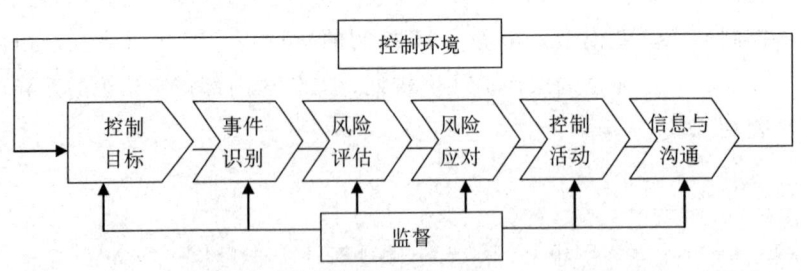

图 6-5　基于风险管理的内部控制流程

6.3.2 内部控制流程诊断

本书以 COSO 和 COBIT 相关内容为参考,对内部控制流程从质量、时间、成本和灵活性四个维度进行分析

1. 质量维度诊断

从质量维度分析,内部控制质量可以用内部控制有效性加以衡量,内部控制有效性是指通过内部控制设计、执行所能达到的内部控制目标,分为设计有效性和执行有效性。从目前应用的情况分析,无论是设计有效性还是执行有效性都不能令人满意。在设计有效性方面,企业还没有完全接受风险导向内部控制的观念,在制度设计、权责划分、控制关键点上还停留在内部控制制度甚至内部牵制阶段,同时对风险估计和风险评价的方法和工具的匮乏也限制了内部控制设计的思路;但制约内部控制质量提升的因素更多的是来自于执行有效性方面,企业缺乏内部控制制度落地的手段和方法。

借鉴 COBIT 项目管理成熟度模型,可以对企业内部控制质量做出评价,如表 6-3 所示。

表 6-3　　　　　　　COBIT 项目管理成熟度模型[①]

成熟度等级	说明
第 0 级 不存在	管理方法根本没使用
第 1 级 初始级	管理流程在特定情况下被使用,并且没有被组织
第 2 级 可重复级	管理流程的使用符合日常惯用的模式
第 3 级 已定义级	管理流程的使用文档化并且可共享交流
第 4 级 已管理级	管理流程的使用被监控和度量
第 5 级 优化级	管理流程遵照最佳实践,同时过程支持自动优化

目前企业内部控制的应用大多停留在第 2 级或第 3 级,智能会计信息系统的引入,将有助于企业内部控制质量上升到第 4 级或第 5 级。同时,在成熟度管理模型中设定的目标与智能信息系统的构建目标相吻合。

---

① 根据 CobiT 4.0 相关文档整理得到。

从内部控制符合相关制度和法规的角度出发,也可以衡量一个企业内部控制的水平。SOX 法案的颁布对企业内部控制提出了刚性要求,并希望借助于信息系统得到支持。以 SAP① 公司的 SAP R/3 为例,产品功能与 SOX 法案的对应关系如表 6-4 所示。

表 6-4 SAP R/3 产品功能与 SOX 法案的对应关系②

条款	要求	SAP 中对应解决方案
301	匿名举报	Web 举报支持
302	有效控制 缺陷披露 财务报表证明	MIC 内控管理 SEM 合并会计报表
401	表明纠正性调整 资产负债表外交易	R/3 企业资源计划 SEM 合并会计报表
404	财务报告内控有效性评估	MIC 内控管理 R/3 AIS 审计信息系统 SEM 合并会计报表 管理驾驶舱
409	重要变更的快速披露	SEM 合并会计报表 SEM 平衡记分卡 R/3 进度管理员

虽然 SAP 对相关方案有一定的支持,但从实现的本质上看,主要围绕着相关文档的编制和管理进行,属于成熟度模型中的第 3 级,管理流程的使用文档化且可以共享交流。国内的代表性软件对内部控制主要停留在业务执行层面的刚性控制,还缺乏对流程整体风险的管控,也不支持相关内部控制报告的编制和共享交流。

2. 时间维度诊断

从时间维度分析,现行的内部控制运行效率普遍较低,主要原

---

① SAP 创立于 1972 年的德国,是全球 ERP 软件市场的领导厂商,根据市值排名为全球第三大独立软件制造商。其主要产品为 SAP R/3。
② 王纹,孙健. SAP 企业财务管理大全 [M]. 北京:清华大学出版社,2005.

因有：

（1）软件系统并未实现控制活动的集成，造成业务执行和业务控制无序地分散在计算机软件和手工过程中，大量的等待时间造成整体控制效率低下。

（2）流程与流程以及流程内部的活动之间缺乏信息沟通和协同的手段，各项活动执行的时序和执行前导条件的检验需要手工完成。

（3）缺乏对流程的持续监督手段和方法，无法对流程执行中遇到的问题做出及时响应。

（4）采用事后评价的方法对内部控制进行分析，时效性差。

按照COBIT的要求，在信息化环境下则实现事后评价向实时控制的转变，在ISACA发布的《IT Control Objectives for Sarbanes-Oxley, 2nd Edition》①中明确指出，将内部控制措施嵌入到IT中有助于通过更加经济有效的运作增加竞争优势，增进业务风险管理能力并合理确定业务活动的优先顺序，全面提高IT管理水平，提高高层管理者对IT的理解。国内学者张瑞君（2004）等，也较早提出IT环境下会计实时控制的相关概念和实现策略②。

3. 成本维度诊断

从成本维度分析，"收益 > 成本"约束条件仍然是制约内部控制实施的重要因素，在一些相关法令和政策颁布后，研究者认为更为严厉的控制措施将进一步推高实施成本。如SOX方案执行后，美国相关企业成本上升一倍左右③。从业务流程的视角分析，内部控制实施推高成本的原因有三：一是内部控制制度建立需要支出相关费用，包括组织结构、人员、设备、系统建设、制度完善等；二是内部控制措施执行本身需要支出费用，如披露更多的明细信息带来的成本增加；三是内部控制变动引起的费用支出。IT技术的引入能够有效降度成本，虽然目前关于内控实施成本度量的研究还相对较少，但按照启发式原则，IT技术的应用有助于降低内部控制的执行成本。

---

① 《SOX IT控制目标第二版》由ISACA于2006年发布。
② 张瑞君. 网络环境下会计实时控制［M］. 北京：中国人民大学出版社，2004.
③ A. R. C. Mongan, Sarbanes-Oxley Implementation Costs – What companies are reporting in their SEC filings, Feb. 2005。http://www.armresearch.com.

4. 灵活性维度诊断

从灵活性维度分析，内部控制的灵活性体现在风险识别和风险应对层面。面对企业环境的变化，企业如何识别风险并采取必要的措施加以应对，甚至根据企业的状态调整风险承受水平，都是内部控制灵活性的体现。

从目前会计信息系统在内部控制上的表现来看，绝大多数会计信息系统并不具备执行内部控制的能力。自国际审计准则第20号将电子数据处理（EDP）内部控制划分为一般控制和应用控制①之后，长期以来一直在IT控制中沿用下来。一般控制是指针对系统整体所做出的控制策略，它的影响范围是系统本身，包括系统开发控制、系统服务控制、安全性控制、系统变更控制等；应用控制是指应用于某一业务处理环节的控制措施，如数据准确性、完整性、一致性控制等。显然，这一思想控制的对象是信息系统本身，而不是借助于信息系统实现对流程的控制。同时，控制措施全部刚性的内置于信息系统中，既无法满足企业控制措施的灵活性要求，也造成后期修改和维护成本居高不下。

6.3.3 内部控制流程建模

1. 内部控制流程设计目标

根据上文对内部控制流程的诊断，结合智能方法的特点，设定智能会计信息系统中内部控制流程的设计目标如下：

（1）建立风险导向的内部控制流程。目前的ERP系统可以满足数据一致性、完整性检查以及授权分工、角色分配等内部控制活动。通过合理授权和分工保证某一特定任务由指定岗位人员完成；通过数据完整性、一致性检查以及简单的逻辑关系校验保证数据采集的准确、可靠。同时，一些软件也具备了通过预算控制和绩效考评等手段，对业务流程进行前期的计划控制和后期的评价。但缺乏对业务风险的识别能力、应对能力和业务执行过程的控制和监督能力，在智能的会计信息系统中，以工作流方式驱动过程执行，可以有效地实现对过程执行风险的评价，

---

① 最早将IT控制划分为一般控制和应用控制的文献是1974年AICIP颁布的SAS NO.3，EDP运用对会计控制和审计师的考察和评价影响。其后的文献和标准大多延续了这一表述。

并根据评价结果选择合适的执行路径和审批流程，同时由于过程执行逻辑的可见性，可随时对过程执行中出现的问题进行监控，保证业务过程执行的顺畅，并根据监控结果生成相应的内部控制评价报告。

（2）支持实时控制和过程监督。按照智能信息系统的原理，可以对执行的过程进行实时监督和控制。实时监督和控制包含两层含义：一是对构成过程的事件执行进行控制，包括事件发生的前导条件、涉及资源的审核、数据完整性、一致性检查等，该类控制信息主要通过 REA 模型进行采集和处理；二是对过程整体的执行时间、进度、并行关系、控制逻辑进行实时控制和监督，该类控制主要通过工作流管理系统实现，并通过执行日志文件记录相关信息。

（3）支持控制报告的编制和外部审计。智能方法采用工作流技术组织和管理流程，过程执行和控制通过过程定义工具"显式"定义，而非智能信息系统是将控制过程隐藏在程序内部。过程执行的规则和控制对会计人员、审计人员、内部控制人员和系统开发人员均是可见的，即有利于各部门人员的沟通，又有利于得到支持企业管理目标的"路由最佳实践"。过程控制的可见性也同时有效地支持了内部控制过程和审计过程。

同时，智能的信息系统支持对资源的管理和调配，包括人员（角色、分工、授权）、应用程序（可集成于系统内的标准化专用软件）、信息等，信息系统与各项资源之间的接口恰恰是控制和审计的重点，资源调用的方式、时间、数量均"显式"地表达在过程定义中，使得对各类资源的控制和审计成为可能。

此外，大量的执行记录使得自动编制内部控制评价报告和审计报告成为可能，同样按照会计报告流程逻辑模型，在一个集成化的环境下，可以自动生成对应的财务报告、内部控制报告等。

2. 内部控制流程模型构建

根据前述分析，结合智能方法，可以对内部控制流程模型描述如下，其主要流程包括：

（1）业务发生时，系统提取业务的关键数据，与记录在企业风险关键指标库中的风险识别指标进行比对，确定业务事件及其引致过程实例的风险等级，即：感知适应性，判断当前事件是否有相对应的过程模型可供选择和调用。

（2）在确定业务事件引致的过程风险等级的基础上，进一步结合企业能力指标库（该库记录企业生产能力、预算、计划等信息，这些信息来自于ERP或预算管理系统）、参照管理者风险偏好，借助于专门的风险度量工具（如风险控制指标矩阵）等对业务事件的风险进行度量，即：感知灵活性，判定完成当前事件需要的时间、资源等效率影响因素。

（3）根据风险识别和度量的结果更新或修正管理者风险偏好等信息。

（4）若拒绝该业务，则自动触发相应的软件通知客户。若接受该业务，则根据过程模型参照最佳实践或动态修改后的最佳实践，安排业务流程执行安排和计划，并将其转换为具体的控制策略。该项任务由过程模型自动完成。

（5）按照设定好的执行路径，在工作流引擎的控制下，依次调用各项活动完成业务过程。

（6）系统自动对全过程进行实时监控。监控信息主要来自于各项任务执行产生的日志文件。若在执行过程中发生意外，则可通过监控信息及时捕获并做出相应调整。

（7）借助于监控工具可以实时生成相应的监控报告，并通过报告生成器触发会计报告流程，向需要该类信息的用户推送监控记录。

（8）在过程执行完毕后，系统对整个过程执行情况进行评价和分析，并将结果通过报告生成器提交给相应的用户。

（9）过程监督报告和过程执行评价均被系统记录下来，用户编制面向企业管理层的内部控制报告和审计报告。

流程执行情况可用图6-6表示。

3. 内部控制流程模型的实现途径

（1）内部控制流程模型实现的关键技术。从技术角度分析，内部控制流程模型实现的关键技术有两个：一是对风险的识别和度量；二是实现对整个过程的全程实时监控。

对风险识别和度量的核心问题是要解决"感知适应性"和"感知

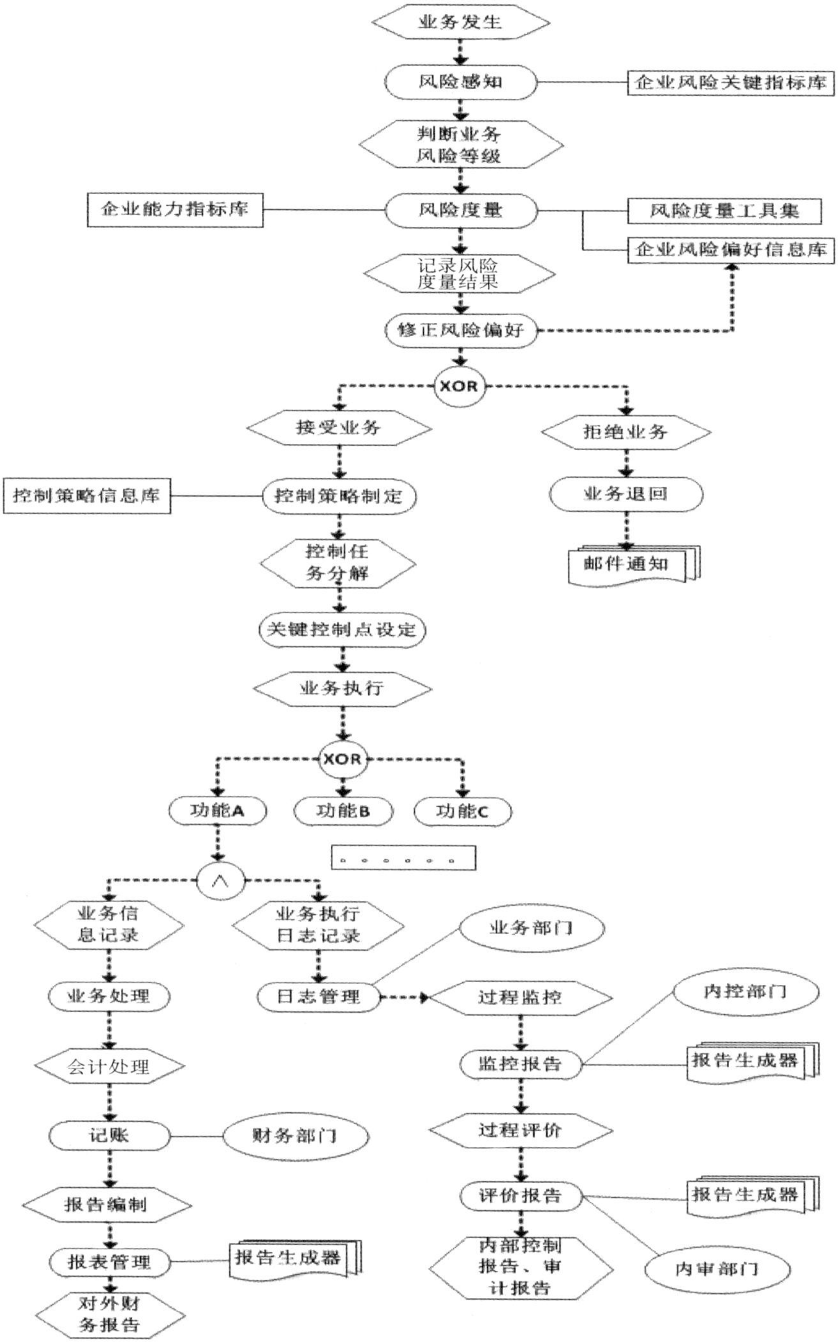

图 6-6　智能的内部控制流程模型

灵活性"的问题。从智能会计信息系统的角度分析，适应性是指信息系统定义的过程模型与由外部因素引起的过程执行实例之间的契合程度，可以分为完全适应、基本适应和不适应三种情况。完全适应表示过程实例执行与过程模型定义完全一致，这种情况往往是遵循了"企业最佳实践"；基本适应表示过程实例执行与过程模型定义存在一定差别，而这种差别可以通过过程模型的动态调整和修正得到；不适应则表示过程实例无法在系统中执行。三种情况分别对应了业务事件的风险水平，显然，完全适应对应了零风险，系统采取的策略是接受并执行；基本适应则对应了可控风险，系统采取的策略是接受并且对其加以控制执行；不适应则对应了不可控风险，系统拒绝执行。适应性越高，风险越低。灵活性是指信息系统对外部因素引起的过程实例执行效率的度量，它往往是通过选择达到目标的最短路径而实现的。外部事件对灵活性要求越高，则风险越大。因此，根据上述描述可建立智能风险识别与度量的检测模型，如图6-7所示。

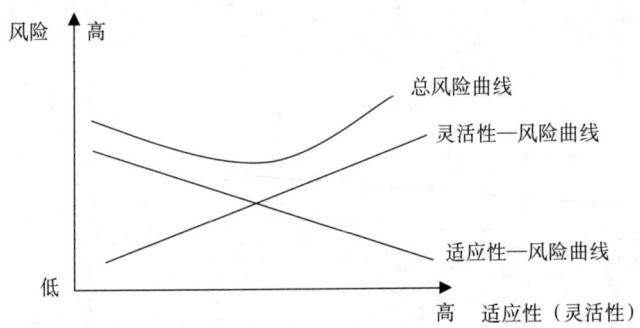

图6-7 智能内部控制流程风险检测模型

该曲线与日常经验相符，在客户对效率要求不高的前提下，即使对过程模型的适应性较低，给企业带来的总体风险水平也较低，企业可以有较长的周期进行流程调整和资源配置。据此，可以给出衡量流程风险的数学模型：

设 δ_i 是第 i 个实例活动与软件定义活动适应性的差异，则有 $\delta_i = f(x_i) - g(x_i)$，$i = 1, 2, \cdots, n$，当 $|\delta_i| <= \varepsilon$，且 ε 为足够小正数时，则 $f(x_i) = g(x_i)$，说明二者无差异，否则存在差异。δ_i 为单位差异，总体

差异则可表示为：

$$\lambda = f(x) - g(x) = \sqrt{\dfrac{\sum_{i=1}^{n}[(f(x_i) - g(x_i))^2]}{n}} \qquad （公式6-4）$$

其中，$i = 1, 2, \cdots, n$

同理可以定义感知灵活性上的差异，并将二者相加，可以得到整体流程的风险水平。其中适应性和灵活性差异指标的设定可以根据具体业务情况设计。

对整个过程的全程实时监控则借助于通过相关的业务流程监控工具实现，如 IBM 的 WebSphere Business Integration、Handysoft 的 Global corps Biz flow 等。但上述工具的缺陷是从工作流角度对业务过程进行了监控，包括状态、开始时间、经过时间、运行时间等检测字段。对于专业领域应用的会计信息系统而言，还需要增加与会计专业知识相关的检测字段，如金额、数量等信息①。

（2）内部控制流程模型的实现机制问题。通过对内部控制流程模型的观察发现，智能的内部控制流程并没有也不可能覆盖企业整体的内部控制框架，它主要从流程执行的角度对业务执行的整体风险进行评价，并通过对过程的持续监控及时发现异常，同时支持相关内部控制和审计报告的编制和生成。企业整体内部控制的实现需要通过不同层次的软件、硬件、人员来共同完成。按照内部控制活动由低到高层次，可以给出如表 6-5 所示的对应关系。

表 6-5　　　　　　控制内容与实现方式的对应

控制层次	主要内容	实现方式
活动执行层	活动合规性检查、数据一致性、完整性检查、授权分工、安全控制等	嵌入至相关的信息系统中，如 ERP、SCM、Email 等
过程执行层	资源调用检查、业务执行逻辑检查、业务执行柔性调整	工作流引擎
过程监控层	执行效率监控、执行进度监控	智能监控工具

① 相关具体内容可参照第 6 章中智能会计信息系统日志文件设计的思路。

续表

控制层次	主要内容	实现方式
过程评价层	过程执行情况分析、评价	智能报告生成器
过程风向评价与度量	感知适应性、感知灵活性	智能信息系统
企业风险目标设定	企业风险偏好设定、目标确定	头脑风暴、平衡记分卡、管理驾驶舱等,需要人工配合完成

6.4 会计决策流程

6.4.1 会计决策流程分析

美国学者亨利·艾伯斯曾说"决策有狭义和广义之分。狭义地说,决策是在几种行为方案中做出选择。广义地说,决策还包括在做出最后选择之前必须进行的一切活动。"管理学教授里基·格里芬指出"决策是从两个以上的备选方案中选择一个的过程"。随着管理科学的发展,人们对现代决策的认识越来越趋于一致。所谓决策就是为了实现某一目的而制定行动方案并从若干个可行方案中选择一个满意方案的分析判断过程。决策是管理的重要环节,会计决策是会计管理活动中的关键过程,不同于会计报告的"决策有用观",这里的决策更多地是针对企业和相关利益者而采取的资源配置活动和行为。

一般而言,认知心理学将决策划分为六个步骤:①辨识问题;②收集信息;③提出可能的解决方案;④评估备择方案;⑤选择方案;⑥付诸实践。辨识问题是指要对客观存在的矛盾转换成可以清楚描绘出来的问题,并抓住问题的实质,同时对一定条件下决策所能达到的最终结果进行表述;收集信息是指对决策环境的识别,获取决策所需的数据和信息,分析各类数据之间的关系,梳理对决策有重要影响的信息;提出可能的解决方案则是通过对数据和信息的分析,借助于一定的方法和算法,对历史或当前的信息进行综合分析,抽象规律和特征,提出可能的解决方案;评估备选方案是对可能的路径和措施通过模拟、预测等方法做出研判,分析出现结果的可能性,评估各项备选方案的利弊;选择方

案是指决策者根据自身偏好，确定最优方案；付诸实践则是采取行动，并对行动结果进行评价的过程。

决策的问题相对复杂，按照决策问题的性质分类，可以分为结构化决策和非结构化决策；按照决策的重要程度分类，可以分为战略性决策、战术性决策；按照决策所处环境认识程度分类，可以分为确定性决策、风险性决策、不确定性决策和博弈性决策等。

6.4.2 会计决策流程诊断

1. 质量维度诊断

从目前的实践应用来看，会计决策的质量特别是对企业内部管理者决策支持的能力相对比较欠缺。这是因为：第一，会计决策主要依靠常规的会计报告提供的数据和信息，定期的、结构化的报告形式无法满足企业多样化的决策需求，也无法满足企业管理者非结构化决策、风险性决策、不确定决策、博弈性决策的需要；第二，会计决策方法大多采用经验判断、指标分析等方法进行，虽然简单易行，但容易将决策过程带入经验决策的误区，缺乏系统性的科学决策；第三，会计决策对企业战略管理的支持力度较弱。目前的会计决策往往针对某一具体问题进行分析、判断和决策，但对企业战略发展的支持能力偏弱，会计对决策支持的职能没有得到充分发挥。

2. 时间维度诊断

从时间维度分析，目前的会计决策主要存在三个方面的不足。一是决策本身的滞后性，决策基于定期编制的会计报告，在时效上相对滞后，容易带来决策的延迟，造成企业价值的损失。二是决策过程链条较长，从基础的会计数据采集到生成决策结果，如果缺乏科学的手段、方法和技术支撑，将是一个及其耗费时间的过程，决策人不得不花费大量的时间用于基础数据的采集、数据真实性、可靠性的验证等环节，使得决策的时间消耗进一步加大。三是传统决策方法的局限，使得在企业决策过程中，无法做到动态实时做出决策，这与企业决策动态、实时的要求存在较大差距。

3. 成本维度分析

企业决策的成本主要来自于信息成本和代理成本两个方面。信息成本主要是在决策过程中需要消除信息不对称而降低决策失误的风险。为降低信息成本需要改进信息获取方式，提高知识获取的能力，加强和改进沟通。代理成本则是指由于企业规模的扩大，企业所有者需要委托他们认为能够胜任的专业人员代理他们执行管理和经营企业的职能，这时就产生了代理成本。代理人和委托人如果在决策目标上出现偏差，或在知识上出现差异，则会造成决策成本上升，增加决策失误的可能性。

因此，通过信息系统的构建，降低信息成本，协调委托人和代理人之间的信息差异和知识差异，成为决策活动中的重要内容。

4. 灵活性维度分析

企业复杂多变的经营环境，需要更为灵活的决策流程支持。但企业中决策层级过多、流程长、决策过程僵化仍是普遍存在的问题。决策的灵活性要求信息系统能够充分联结参与决策的人、资源、数据，能够根据环境因素的变化和执行状况的偏差做出调整，能够通过自适应、自学习等方式增强对决策过程灵活性的支持。

6.4.3　会计决策流程建模

1. 会计决策流程设计目标

（1）支持动态决策。在企业经营管理环境快速多变的背景下，对决策的时效性提出了更高的要求。建立动态、持续性决策支持流程是智能会计信息系统的主要目标之一。动态决策要求摆脱传统决策依托会计报告、实效性差的缺点，借助于信息技术的支持，能够快速感知数据、感知企业管理运行的状态，并通过快速、便捷的决策流程向决策者提供有助于决策的相关信息。

（2）支持科学决策。科学决策要求能够充分改进决策方法和策略，能够正确的抽象和归纳相关知识，支持有效决策。在现代 IT 技术支持下，大数据、区块链、人工智能的发展为科学决策提供了新的方式和平台。借助于大数据技术可以实现对海量数据的动态实时处理，可以通过对全样本数据的分析发现事务发展的客观规律；借助于区块链技术可以实现对交易过程的追溯和信息鉴证，可以大幅降低信息不对称性造成的决策成本过高；借助于人工智能技术可以实现对数据的科学分析、自主学习，可以实现对结构化数据和非结构化数据的动态处理，大大提高决

策的科学性，可以通过对决策结果的模拟和预测，提供更为科学合理的决策执行路径，为决策执行提供更为精准的参考。

（3）支持综合决策。伴随着业财一体化进程，企业的决策过程已经摆脱单项决策、单目标决策的阶段，转变成复杂决策、博弈决策、综合决策过程。所谓综合决策是指系统能够根据企业面临的内外部环境，借助于科学的决策方法，完成面向多主题、多领域的决策。相对于简单决策过程而言，综合决策要求能够快速、动态地获取当前企业的各类信息，利用强大的计算能力，动态完成决策过程。

2. 会计决策流程模型构建

会计决策流程充分借助于人工智能相关技术，实现决策流程的智能化。一般而言，决策流程包括如下环节：

（1）识别用户决策需求：在现实场景中，绝大多数决策者其实并不清楚自己要决策的问题是什么，或者无法准确描述决策需求，而这是造成决策失误的最关键的问题。因此，帮助用户识别决策需求是会计决策流程的起始步骤也是关键步骤。识别用户决策需求需要建立良好的用户交互方式，并通过多重交互不断趋近用户真实的决策目标。

（2）分析用户决策环境：决策环境是指影响决策过程的各种直接或间接因素的总和。在现代企业经营环境中，决策环境瞬息万变，需要及时动态感知环境变化因素，并就环境因素对决策目标的影响程度进行评估，根据评估结果做出进一步的分析。

（3）决策规则和决策模型选择：根据决策目标和决策所处的环境调用合适的算法模型和规则。

（4）获取决策数据：根据决策目标的需要，获取决策所需的各类数据，包括结构化数据和非结构化数据。

（5）生成模拟结果：对可能发生的情况进行模拟，对各种结果发生的概率进行模拟和推演，生成模拟结果。

（6）选择决策结果：用户根据个人偏好和系统建议选择决策路径。

（7）决策执行、监督和反馈：对决策执行过程进行全程监督，及时反馈，并根据环境变化因素或决策执行状态及时调整决策执行过程。

（8）决策结果评价：对执行结果和决策预期目标进行比较和分析，判断决策的合理性和科学性，并维护决策规则和决策模型。

与传统决策过程相比,智能化环境下决策过程体现为两个显著特点:一是动态决策,"决策—执行—反馈—调整"成为不断迭代的过程,整个决策过程呈现出动态特征;二是自学习、自适应,系统能够及时捕捉用户的决策行为偏好,并能根据环境变化因素及时向决策者提出反馈,并自主优化决策规则和模型。

具体而言,会计决策流程模型如图 6-8 所示。

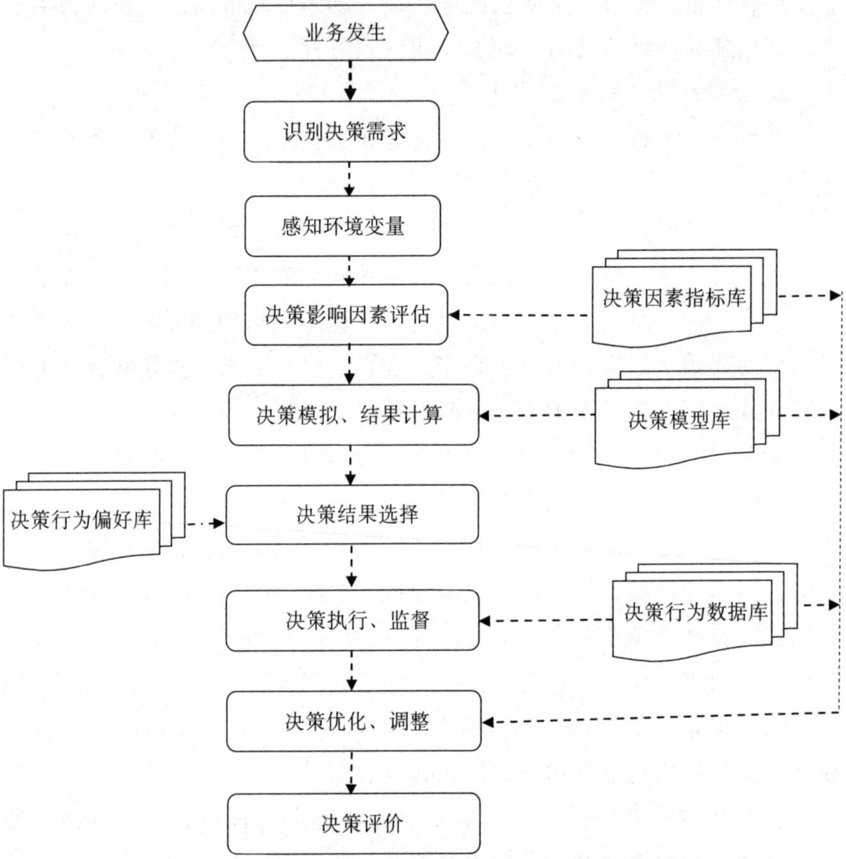

图 6-8　会计决策流程模型

3. 会计决策流程实现的关键路径

按照对决策支持能力的强弱,会计决策流程实现的技术路径常见的有三种,分别是商务智能系统、决策支持系统和基于大数据的决策系统。

（1）商务智能系统着重于结合历史数据挖掘潜在规律，获取支持决策的相关知识。其基本架构是基于各业务系统产生的业务数据，通过抽取、转换和加载过程（Extract – Transform – Load，ETL），形成面向主题的、相对稳定的、反映历史规律的支持决策的综合数据，并将其存放在数据仓库中。借助于数据挖掘技术实现知识的抽取，并借助于可视化工具实现对数据的及时获取和动态展示。商务智能系统较好地满足了决策者的信息需求，提供了多维直观的数据展示，有助于帮助决策者做出决策。但从决策流程而言，商务智能系统仅提供了决策所需的信息，并未对执行决策过程，也未对决策结果进行模拟、判断和分析。

（2）会计决策支持系统（Accounting Decision Support System，ADSS）是在管理信息系统的基础上发展起来的，是直接面向企业中高层管理者对财务决策信息需要的人机交互系统。它为财务决策者提供问题分析、模型构造、决策过程模拟以及决策效果评价的决策支持环境。会计决策支持系统是决策支持系统在财务领域的应用，要求企业在进行决策时引入人工智能技术，搜索专家的经验和智慧，利用模型库、知识库、推理机制、神经网络技术等，实现决策过程智能化。会计决策支持系统以管理科学、运筹学和行为科学等为基础，以人工智能和信息技术为手段，充分利用会计信息系统提供的各种信息，辅助高级决策者进行决策，如构造各种经济模型、对未来财务状况进行预测等。常见的会计决策支持系统大多采用三库结构，即：数据库、模型库和方法库，分别为决策过程提供决策所需的业务数据或决策支持数据、面向专业领域的决策模型和支持模型构建的各类方法，同时，提供了人机交互界面，实现对三库的调用和结果呈现。与商务智能系统相比，决策支持系统提供了决策过程和决策结果的模拟，用户可以清楚地看到系统模拟的结果，并结合自身的需求做出决策。

（3）基于大数据的决策系统则提供了动态和实时决策支持的能力，通过对分布式数据的获取，决策系统可以动态获得影响决策的海量数据，并借助于分布式的计算能力获取模拟决策的结果。与决策支持系统相比，基于大数据的决策系统更具有动态、实时决策的支持能力，同时可以实现对决策执行过程的全程跟踪、监督和反馈，并随时根据情况的变化对决策执行过程进行调整。

6.5 会计协同流程模型构建

6.5.1 会计协同流程分析

会计协同流程的概念提及较少，但实际上协同无处不在。所谓协同是指协调两个或者两个以上的不同资源或者个体，协同一致地完成某一目标的过程或能力。

在会计领域，随着价值链及价值链会计的出现，会计协同观念被逐渐接受和认可。会计信息是联系企业契约各方的纽带，传统的会计业务流程并没有考虑与相关利益者之间的过程协同。通过跨出企业边界的会计业务流程协同，可以使外部信息使用者及时了解企业会计信息并做出反馈，同时，通过过程协同可以对企业提供的会计信息进行第三方鉴证，如通过银行、税务、往来客户与企业的协同过程验证交易信息，降低会计信息审计和鉴证成本，提高会计信息的可靠性。

价值链的概念是哈佛大学商学院教授迈克尔·波特于 1985 年在他的著作《竞争优势》(Cornpetitive Advantage) 中提出的，他认为，"每一个企业都是在设计、生产、销售、发送和辅助其产品的过程中进行种种活动的集合体。所有这些活动可以用一个价值链来表明。"价值链在经济活动中是无处不在的，上下游关联的企业与企业之间存在行业价值链，企业内部各业务单元的联系构成了企业的价值链，企业内部各业务单元之间也存在着价值链联结。价值链上的每一项价值活动都会对企业最终能够实现多大的价值造成影响。波特的"价值链"理论揭示，企业与企业的竞争不只是某个环节的竞争，而是整个价值链的竞争，而整个价值链的综合竞争力决定企业的竞争力。协同流程大量出现在价值链上，但并不仅限于价值链上的企业间存在协同流程。

一个典型的会计协同流程场景发生在供应商和企业之间：企业向供应商发出采购订单，供应商按照订单准备货物并发送，同时开出销售发票；企业根据供应商提供的发运通知单和采购订单进行核对，并进行验收入库，同时登记相应的往来账；企业根据对方开具的发票信息支付货

款,并向银行提交相关单据,同时登记相应账簿信息;供应商根据银行提供的入账信息核销应收款完成整个采购过程。

在现行的信息系统中,企业间的协同行为主要表现为数据协同,即通过信息的交换支持协同流程的执行。其协同过程如图6-9所示。

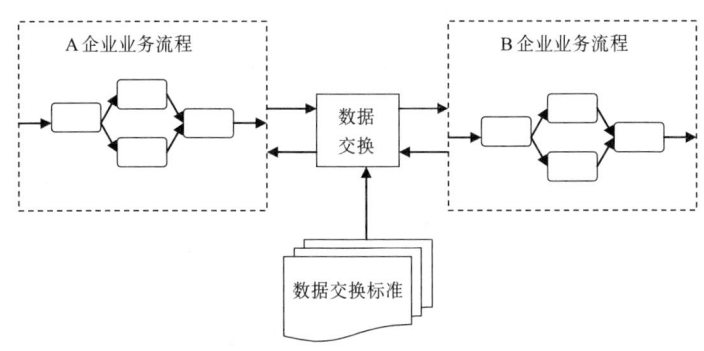

图6-9 企业间数据协同流程示意图

6.5.2 会计协同流程诊断

1. 质量维度诊断

质量维度的分析指标是产品和服务的满意度,单纯的数据协同显然无法支持企业间日益频繁的协作活动。数据协同的本质是一种结果协同,一方在得到另一方的处理结果后触发本企业的业务流程,实际上是一种串行模式。按照业务流程的观念,尽可能将串行模式转变为并行模式是提高效率的主要方法,因此,转变数据协同方式,实现过程协同是解决该问题的方法之一。例如,供应商接到采购订单时发现库存不足,则无法及时交货,造成协同效率低下。为改变这一情况,采取的策略是扩大协同的范围,如在计划层面协同,则可以有效改变库存不足造成延时交货的情况。

2. 时间维度诊断

从时间维度分析,目前以数据为主的协同方式难以满足企业灵活多变的业务流程需求。在价值链中,要求价值链能够迅速响应客户需求,快速地组织起价值链内的各项资源提供令顾客满意的产品和服务,而任务完成时,相关资源又可以迅速释放,转移到其他的协同业务中去。因此对响应时间的要求较高。以静态方式提交的交换数据难以满足快速响应的要求。

3. 成本维度分析

造成成本增加的原因主要来自于流程变动成本，多样化的数据交换，以及客观存在的格式和语义上的差异往往造成协同障碍，频繁的数据变动带来流程变动成本的上升。

4. 灵活性维度分析

从灵活性维度分析，数据交换在点对点的协同中还有一定的优势，但在现代竞争环境下，企业间的协同过程往往表现为企业群之间的协同，价值链上企业资源的分配和重置也需要高度灵活性流程的支持。

6.5.3 会计协同流程建模

1. 会计协同流程设计目标

（1）支持过程协同。会计协同业务流程发生在企业主体及其相关利益者之间，目前的会计业务协同流程主要体现在会计信息提供和交互层面，即由会计主体按照一定的会计期向相关利益者提供会计报告，但随着价值链之间竞争的加剧，居于同一价值链上的企业之间"互操作"能力需求急剧增加，随之带来的是对会计业务协同处理能力需求的提升。

ATHENA 项目①小组定义了企业间互操作的层次模型，认为企业的协同行为表现在四个方面：业务层、流程层、服务层和数据层，如图 6-10 所示。

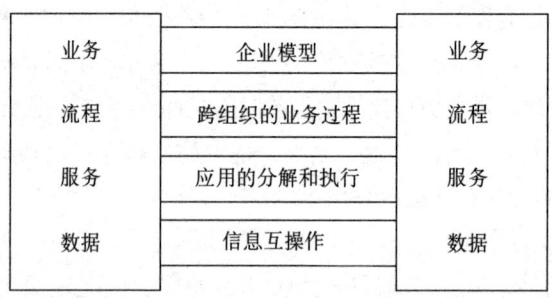

图 6-10 企业协同层次模型

---

① Berra A, Elvesater B, Figer N, et al: The ATHENA interoperability Framework Proceeding of the 3rd International Conference on interoperability for enterprise software and application, Madeira Portugal, 2007.

智能信息系统能够较好地支持上述模型的实现,利用面向过程的建模方法可以从业务、流程、服务和数据四个层面实现企业间的协同。

(2) 支持多企业间的协同。传统的协同关系往往发生在企业与企业之间,而在企业群落概念的支持下,多企业之间的协同成为企业关注的需求之一。企业群落是指按专业化分工和协作原则形成的既竞争又合作关系的若干企业聚集的特殊产业组织形式。

2. 会计协同流程模型构建

假定 A、B 为两家参与协同的两个主体,A 企业的某一过程由 A.a、A.b、A.c、A.d 四个活动组成,B 企业的某一过程由 B.a、B.b 两个活动构成,同时假定两家企业之间存在协同活动 a、b。采用 EPC 建模语言,可以对会计协同流程模型描述如图 6-11 所示。

在企业的协同过程中,流程与数据的协同体现了协同的关键要素,在图 6-11 描述的协同过程中,参与协同的两个主体,A 企业的内部流程(活动 A.a、活动 A.b、活动 A.c、活动 A.d)与 B 企业的内部流程(活动 B.a、活动 B.b)通过一组协同活动(a,a′)和(b,b′)进行协同,协同活动(a,a′)和(b,b′)之间存在着隐含的控制关系,它们接受相关的输入和输出形成协同数据。在协同过程中,还有相关的主体参与协同角色(角色 A.a,角色 A.b)以及(角色 B.a,角色 B.b)。在模型中可以看出,参与协同模型包括协同主体、协同活动、协同流程和协同数据,它们构成了定义协同模型的基本要素。实际上,为保证协同的完成,还隐藏着支持协同活动进行的由计算机系统提供的服务。当具体的某一活动进行企业后,则形成触发过程模型的外部事件,其运行可参见前文图 6-6 内部控制流程模型的运行过程。

3. 会计协同流程模型的实现途径

会计协同流程模型的实现关键集中在两个方面:一是跨企业流程模型的构建;二是对流程生命周期的管理。

跨企业流程模型构建包括协同主体、协同活动、协同流程、协同数据和协同服务五个层次。一般情况下,跨企业的协同在技术层面通过企业服务总线(Enterprise Service Bus,ESB)的方式实现。ESB 是传统中间件技术与 XML、Web 服务等技术结合的产物。它提供了网络中最基本的连接中枢,是构筑企业神经系统的必要元素。ESB 的出现改变了传

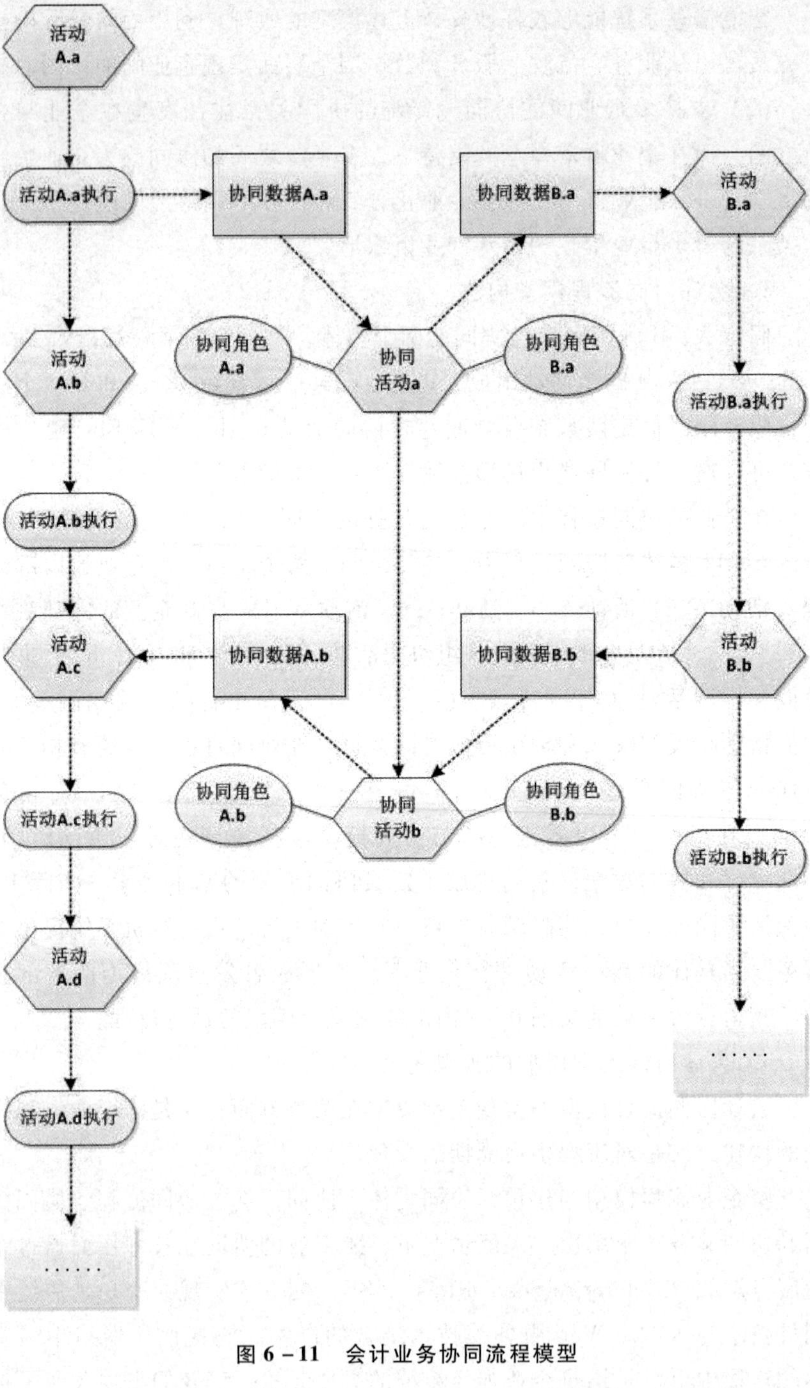

图 6-11 会计业务协同流程模型

统的软件架构,可以提供比传统中间件产品更为廉价的解决方案。同时它还可以消除不同应用之间的技术差异,让不同的应用服务器协调运作,实现了不同服务之间的通信和整合。从功能上看,ESB 提供了事件驱动和文档导向的处理模式,以及分布式的运行管理机制,它支持基于内容的路由和过滤,具备了传输复杂数据的能力,并可以提供一系列的标准接口,其运行原理如图 6-12 所示。

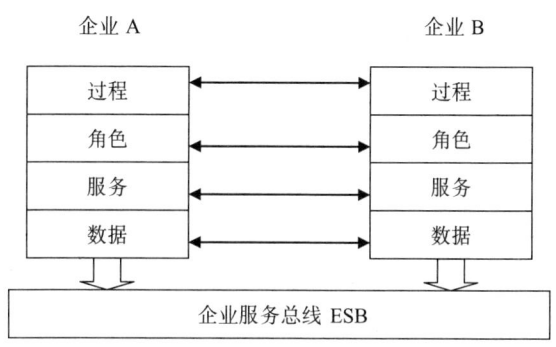

图 6-12 企业协同框架

流程生命周期是指从协同业务开始到协同业务结束的整个过程,主要包括协同协议建立与退出服务管理、服务调度规则管理服务、监控与异常处理服务、协同策略与模式管理服务、服务端点与服务管理服务、协同主体管理服务和主数据管理服务等。

6.6 小结

本章在明确基于智能的业务流程设计原则、方法与诊断指标的基础上,采用业务流程管理中常用的魔鬼方框,从质量、时间、成本、灵活性四个维度对会计报告流程、内部控制流程、会计决策流程会计协同流程进行了分析和诊断,并分别构建了基于智能的会计报告流程模型、内部控制流程模型和会计协同流程模型。本章的主要观点有:

(1) 基于智能的会计报告流程的核心是实现根据用户需求由系统自动向其推送相关的会计信息,并将信息的加工权让渡给信息使用者和信息中介，形成包括信息供给者、信息使用者和信息中介在内的共享化、开放式会计信息平台。而实现这一目标的技术关键是提供业务基础的数据库、标准化的数据交换格式、提取会计数据的动态机制和用户需求识别的技术。同时认为应建立市场化的信息服务机制，通过信息使用者、信息中介和信息供给者之间的博弈是达到这一目的的制度保证。

（2）基于智能的内部控制流程的核心是对过程风险的识别和度量。借助于智能信息系统的逻辑模型，可以从感知适应性和感知灵活性两个维度对过程风险进行分析和度量，并给出了度量的数学模型。同时，通过实时全程的过程监控，可以及时掌控过程执行的相关信息，并以此作为过程优化和规则自动修改的基础。

（3）基于智能的会计决策流程的核心是实现对决策支持过程从静态信息提供到动态决策持续跟踪的转变。实现这一目标的技术关键是大数据相关技术和环境的成熟，特别是在大数据环境下对会计决策方法的改进，成为构建智能化会计决策流程的关键。

（4）基于智能的会计协同流程的核心是实现协同方式从单一的数据协同向多层次的业务、流程、服务和数据协同转变，并借助于 SOA、Web service 等相关技术实现不同层次的互操作，以达到提高协同效率的目的。同时，会计报告流程、内部控制流程本身也是一个协同过程。

智能会计信息系统的流程优化

企业为迅速响应客户需求和适应环境变化,在执行中不可能完全按照既定的规则执行所有的实例①,智能会计信息系统应具备在流程执行过程中自主优化的能力。流程优化能力表现在两个方面:一是过程实例执行的柔性机制,指在具体的过程实例执行发生异常时,能够自动对执行过程做出微调。例如,当负责执行某个活动的软件实体响应过慢时,为保证过程实例在规定时间内完成,可以跳过某些非关键活动的执行,或重新安排响应效率高的其他软件实体继续执行过程模型,此类调整不会对过程模型修改带来影响,也不会影响其他过程实例的执行,因此可视为过程执行的柔性机制②。二是过程模型的动态迁移。由于环境变化、法规调整、需求改变而要求过程模型及时做出修改,并将修改后的过程模型动态迁移到过程实例上继续执行,此类调整对模型修改带来影响同时也影响其后相应过程实例的执行。二者的区别在于过程模型的驱动机制不同,前者表现为支持过程的柔性执行,后者表现为过程模型的动态修改。同时,二者又相互联系,通过对模型柔性执行过程的记录和监控,挖掘更优的过程执行路径,并以此为基础实现过程模型的动态修改和优化。因此,本章研究的重点是如何使用过程挖掘技术实现会计业

---

① 实例可以理解为是具体的过程执行的个例。

② Schonenberg MH, Mans RS, Russell NC, Mulyar NA: Toward a taxonomy of Process flexibility. Date and Knowledge Engineering, 2004, 51 (2).

务流程的持续优化。

7.1 流程优化概述

传统的会计信息系统注重应用程序和功能模块的开发和设计，随着软件规模的日益扩大和复杂度的不断增加，软件开发重点已转到应用程序或模块之间的组合与协同以及中间件和组件的开发与组装上来。采用内嵌隐藏方式实现的刚性流程控制已不能适应企业敏捷响应客户的需要。智能会计信息系统则是通过持续的过程优化不断适应企业管理需求的变化和对流程的动态调整。过程优化是一个持续迭代过程，通过大量的过程实例执行，发现流程中的薄弱环节，并对其进行改进和完善，以降低流程执行成本，满足流程执行目标。

7.1.1 流程优化的迭代原理

企业流程管理本身就是一个不断动态演化的过程，流程优化的迭代过程如图7-1所示。

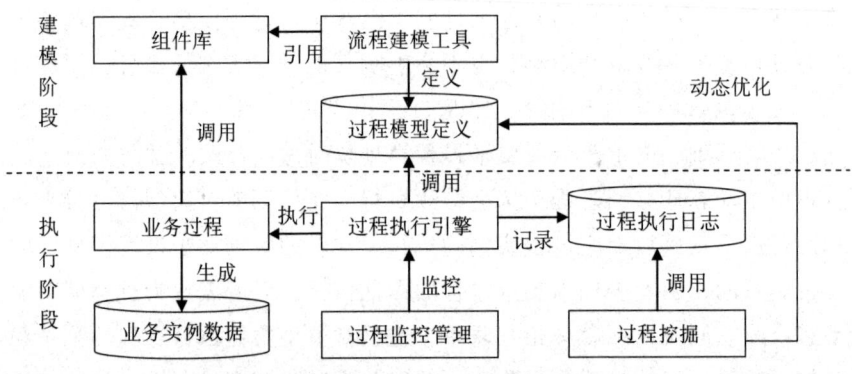

图7-1 流程优化迭代原理示意图

由图7-1可知，当业务发生时，触发过程执行引擎并由其负责过程实例的运行与控制，创建实例，调用相关资源完成任务，并记录过程执行日志，日志文件①中应包括过程运行数据、过程创建时间、完成时间、状态、发起人等相关数据；过程监控管理负责对过程执行过程进行管理和监视，包括任务执行路由监控、业务流程执行效率监控以及流程执行调用相关资源合法性的检验等；过程挖掘（Process Mining）则通过从信息系统记录的日志文件中抽取业务过程、控制信息、数据、组织等方面的知识，修正过程模型定义，实现过程模型的优化。过程模型的优化可以通过两种方法实现：一是模型的静态优化，即在需求和环境发生变化的前提下，通过模型定义工具完成对过程模型定义的修改，使过程模型实现版本升级；二是模型的动态优化，借助过程挖掘工具发现过程执行的最优化路径，并将其动态迁移到过程模型当中。例如，在客户关系管理系统中，通过对客户回款记录的统计和分析，自动调整客户信用等级或根据客户回款金额的聚类分析，重新调整客户信用等级划定标准等。目前主流的 ERP 系统中，如 SAP、金蝶 EAS、用友 UAP 中大多采用了静态优化的方式，由用户或系统管理人员手工修改过程模型定义，而智能的会计信息系统则希望能够由系统自动实现过程模型的动态优化，并通过不断迭代的动态优化过程逐步得到企业最佳的过程执行路径。

7.1.2 过程挖掘在流程优化中的应用

过程挖掘又称为工作流挖掘（Workflow Mining），指通过分析事件日志（Event Log）自动构造过程模型的方法。过程挖掘的主要目的是从事物日志中抽取业务过程的各方面知识②。一般看来，过程挖掘是商业智能（BI）、业务过程分析（BPA）和知识管理（KM）的重要组成部分。在目前的信息系统中，如 AIS、ERP、CRM 等中都存在着大量的事件日志文件，包括历史（history）、审计轨迹（audit trail）和交易日志（transaction）等，日志文件不仅记录了事件执行的状态，而且也描述了事件执行的轨迹，大量日志文件的存在为过程挖掘提供了基础，过

---

① 日志文件是专门用于记录系统操作事件的记录文件或文件集合，在智能的信息系统存放有过程执行情况的日志文件。

② W. M. P. van der Aalst，B. F. van Dongen 等，Workflow Mining: A Survey of Issues and Approacher. Date and Knowledge Engineering，2003，47（2）：237 – 267.

程挖掘已经成为一个活跃的研究领域。

1. 过程挖掘的步骤

过程挖掘一般包含三个步骤：

（1）事件日志收集：在 ERP、SCM 等系统中，存在着大量的日志文件，记载着事务之间的运行过程、涉及资源和参与角色等，这些信息蕴含着业务过程的逻辑模型。

（2）过程挖掘：以信息系统中存放的事件日志文件为输入，利用相关的挖掘算法和技术推导出隐含在日志文件内的业务过程逻辑，因此过程挖掘的作用体现在两个层次：一是过程发现，即通过日志文件发现过程；二是过程优化，即通过日志文件发现差异，并通过对差异的分析推导出更优的业务流程模型。

（3）模型展现：选用适当的模型描述过程挖掘的结果。常用的模型有活动依赖图、块状结构图、Petri 网以及 EPC 图等。

2. 过程挖掘的原理

过程挖掘包含三个维度，即过程维度、组织维护和实例维度。过程维度关注于控制流，利用日志文件挖掘构成过程的各项任务间的次序，其目标是在所有可能的执行路径中找到最佳的执行路径；组织维度关注于执行者属性，利用日志文件挖掘参与过程执行的人员及其关系，其目标在于挖掘执行者所属的角色分类和组织分类以及不同执行者之间的组织关系；实例维度关注于实例属性，实例维度既可以通过实例的执行人、实例的执行路径描述实例属性，也可以通过实例的数据值描述实例属性。总之，过程维度挖掘解决 How 的问题，组织维度挖掘解决 Who 的问题，实例维度解决 What 的问题。三个维度均可从逻辑结构和性能指标两个方面进行描述，即可以通过三个维度的挖掘研究过程执行的逻辑和性能问题。

例如，表 7-1 为某系统执行的日志文件，可以利用该表说明三个维度的挖掘过程。

表 7-1　　　　　　　　　　日志文件示例

实例编号	活动编号	执行人	执行时间
实例 1	A	甲	2017-3-9

续表

实例编号	活动编号	执行人	执行时间
实例 2	A	甲	2017-3-9
实例 3	A	乙	2017-3-9
实例 3	B	丙	2017-3-9
实例 1	B	丁	2017-3-9
实例 1	C	甲	2017-3-10
实例 2	C	丁	2017-3-10
实例 4	A	乙	2017-3-10
实例 2	B	甲	2017-3-10
实例 2	D	戊	2017-3-10
实例 5	A	乙	2017-3-10
实例 4	C	丙	2017-3-11
实例 1	D	戊	2017-3-11
实例 3	C	乙	2017-3-11
实例 3	D	戊	2017-3-11
实例 4	B	乙	2017-3-11
实例 5	E	己	2017-3-11
实例 5	D	己	2017-3-11
实例 4	D	戊	2017-3-11

该日志文件中记录了5个过程实例、4个活动、6名执行者,实例执行时间为3个月。根据表中信息可以得到该过程执行的轨迹集合 W,W = {ABCD,ACBD,AED}。其中实例1、实例3按照轨迹{ABCD}执行,实例2、实例4按照{ACBD}执行,实例5按照{AED}执行,据此可以绘制描述该过程模型的 petri① 图。挖掘得到相关结果如图7-2所示。

---

① Petri 网是一种建模语言和形式化体系,在过程挖掘中得到较为广泛的应用,Petri 网是一个有两类节点的有向图:用圆圈表示库所(表达分布的状态),用矩形表示变迁(任务或活动),库所和变迁之间用弧连接。

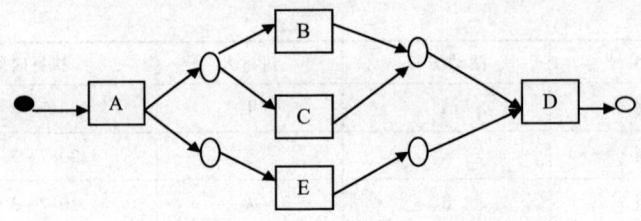

图 7-2 用 petri 网表示的过程挖掘结果

可以通过表 7-2 的示例反映三个维度挖掘能够解决的问题①。

表 7-2　　　　　　　　三个维度挖掘结果表

维度	逻辑结构示例	性能指标示例
过程维度	活动 A 之后总是执行活动 B，活动 B 和活动 C 可以并行执行	活动 A 的平均执行事件为 1 天，占整个实例执行时间的 40%
组织维度	甲、乙、丙、丁工作于同一团队；戊、己工作于同一团队	甲平均每天可处理 30 个实例，戊、己一起工作的时间约有 50%
实例维度	超过 5000 元以上的实例交由己处理	80% 超过 5000 元的实例处理时间不超过两天

7.2　过程挖掘的 α 算法

过程挖掘算法是指通过研究事件日志信息发现整个业务流程运行经历的各项活动构建过程模型的方法。按照考察对象和挖掘结果表示方法的不同，可以将过程挖掘的算法分为两大类：拟合型和结构型。拟合型以过程实例为考察对象，常用的有基于活动依赖图的挖掘算法、基于 ADONIS 模型的挖掘算法以及面向块结构的挖掘算法；结构型算法以活动之间的关系作为考察对象，常用的有基于 FSM 挖掘算法、基于 DAG 挖掘算法以及 α 算法。本章着重介绍 α 算法及其在过程挖掘中的应用。

---

① 本表仅说明过程挖掘三个维度可以得到的挖掘结果示例，并不是严格按照表 7-1 处理得到的相关结果。同时表 7-1 未给出相关实例数据信息，因此，本表中信息为假定挖掘结果。

7.2.1 α算法定义

α算法关注于过程维度,仅考虑事件执行的顺序而不考虑过程执行的时间和执行人,因此更有助于发现事件之间的运行逻辑。

为分析事件之间的因果依赖关系,α算法对事件日志作如下定义:

T——表示事件集合;

$\sigma \in T^*$——表示事件轨迹,即活动的任意序列;

W 为 T 集合上的时间日志,且 W 引入了如下标记:定义 W 为 T 集合上的时间日志,即:$W \subseteq T^*$。

假设有事件 a,$b \in T$,则可以对 α 算法中事件的关系作如下定义:

定义1:$a >_w b$ 当且仅当存在轨迹 $\sigma = t_1 t_2 t_3 \cdots t_n$,$i \in \{1, 2, \cdots, n-1\}$,满足 $\sigma \in W$,$t_i = a$ 并且 $t_{i+1} = b$。其中,符号 "$>_w$" 表示活动顺序出现;$a >_w b$ 表示活动 b 总是在活动 a 之后出现。

定义2:$a \rightarrow_w b$ 当且仅当 $a >_w b$ 并且 $b <>_w a$,表示 a 和 b 之间可以推导出直接的因果关系。

定义3:$a \#_w b$ 当且仅当 $a <>_w b$ 并且 $b <>_w a$,表示 a 和 b 两个活动没有紧邻出现过。

定义4:$a \|_w b$ 当且仅当 $a >_w b$ 并且 $b <>_w a$,表示 a 和 b 两个活动可以并发出现。

7.2.2 α算法应用步骤

α算法使用符号 "$>_w$"、"$\rightarrow_w$"、"$\#_w$"、"$\|_w$" 标记过程信息,挖掘出来的过程模型使用 Petri 网表示,假定 W 是 T 的事件日志,利用 α 算法进行过程挖掘的步骤如下:

步骤1:建立当前日志的活动集合 T_w,其中 $T_w = \{t \in T \mid \exists_{\sigma \in w} t \in \sigma\}$,表示在日志中出现的活动集合。

步骤2:确定初始活动集合和终止活动集合 T_1 和 T_0,其中 $T_1 = \{t \in T \mid \exists_{\sigma \in w} t = \text{first}(\sigma)\}$,$T_0 = \{t \in T \mid \exists_{\sigma \in w} t = \text{last}(\sigma)\}$,first($\sigma$) 表示第一个活动集合,也可理解为输入集合,last(σ) 表示最后一个活动集合,也可理解为输出集合。

步骤3:推导所有具有因果关系的集合 X,其中 $X = \{(A, B) \mid$

$A \subseteq T_w \wedge B \subseteq T_w \wedge \forall_{a \in A} \forall_{b \in B} a \rightarrow_w b \wedge \forall_{a1,a2 \in A} a_1 \#_w a_2 \wedge \forall_{b1,b2 \in B} b_1 \#_w b_2 \}$，表示集合 A 中的每个活动与集合 B 中的每个活动之间存在因果关系，并通过对集合 A 和 B 的限制，可以挖掘出 and 或 or 的关系。

步骤4：推导最小的因果关系的集合 Y，其中 $Y = \{(A,B) \in X \mid \forall_{(A',B') \in X} A \subseteq A' \wedge B \subseteq B' \Rightarrow (A,B) = (A',B')\}$。

步骤5：挖掘出 petri 网中的库所集合 P_w，其中 $P_w = \{P_{(A,B)} \mid (A,B) \in Y\} \cup \{i_w, o_w\}$，$P_{(A,B)}$ 是连接 A 中活动和 B 中活动的库所，i_w 表示唯一的起始库所，o_w 表示整个过程的终结库所。

步骤6：挖掘出 petri 网中连接弧的集合 F_w，其中 $F_w = \{(a, P_{(A,B)}) \mid (A,B) \in Y \wedge a \in A\} \cup \{(P_{(A,B)}, b) \mid (A,B) \in Y \wedge b \in B\} \cup \{(i_w, t) \mid t \in T_I\} \cup \{(t, o_w) \mid t \in T_O\}$。

步骤7：用 petri 网模型表示出挖掘结果 $\alpha(W) = (P_w, T_w, F_w)$。

α 算法利用相关符号将一个日志文件转换为 petri 网 (P_w, T_w, F_w) 较为容易理解。为进一步说明 α 算法进行过程挖掘的算法，利用 α 算法对表 7-1 表示的日志文件挖掘过程如下：

步骤1：$T_w = \{A, B, C, D, E\}$。

步骤2：$T_I = \{A\}$；$T_O = \{D\}$。

步骤3：$X = \{(\{A\}, \{B\}), (\{A\}, \{C\}), (\{A\}, \{E\}), (\{B\}, \{D\}), (\{C\}, \{D\}), (\{E\}, \{D\}), (\{A\}, \{B,E\}), (\{A\}, \{C,E\}), (\{B,E\}, \{D\}), (\{C,E\}, \{D\})\}$。

步骤4：$Y = \{(\{A\}, \{B,E\}), (\{A\}, \{C,E\}), (\{B,E\}, \{D\}), (\{C,E\}, \{D\})\}$。

步骤5：$P_w = \{i_w, o_w, p_{(\{A\},\{B,E\})}, p_{(\{A\},\{C,E\})}, p_{(\{C,E\},\{D\})}\}$。

步骤6：$F_w = \{(i_w, A), (A, p_{(\{A\},\{B,E\})}) \cdots (D, o_w)\}$。

步骤7：$\alpha(W) = (P_w, T_w, F_w)$。

推导出的 petri 网图如图 7-3 所示。

7.2.3 α 算法的局限性

虽然 α 算法易于理解和执行，但其只关注了过程维度（控制流）的挖掘，因此 α 算法并不能有效地挖掘一切过程，在使用过程中还必须解决由于错误的日志文件而带来的噪音问题和算法面对复杂过程时的逻辑问题。

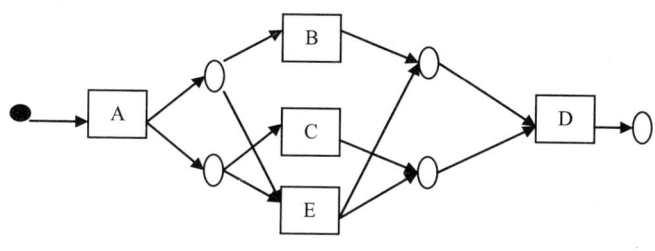

图 7-3　根据 α 算法推导出的表 7-1 日志文件 petri 图①

1. 噪音问题

由不正确的日志记录、异常发生的事件以及太少的事件轨迹引发的噪音都有可能导致 α 算法挖掘出错误的结果，因此，应用 α 算法的前提是具有完备的事件日志文件，即假定企业的信息系统均能够记录日志文件且日志文件具备以下特点：①每一个事件指向某个活动；②每一个事件均归属于某个实例；③事件都有开始时间和结束时间且完全有序。

2. 逻辑问题

面对复杂过程出现的逻辑问题包括不可见活动、重名活动和短循环等。不可见活动是指每一个事件都被记录在日志文件中，α 算法无法发现没有在日志中出现的活动，由此得到的过程模型有可能是错误的；重名问题是指在过程中有两个不同的节点对应了同一个名称；短循环是指在同一个节点上的反复执行，即同一个活动被重复执行多次。在这些情况下，α 算法可能无法得到正确的挖掘结果。

7.3　利用过程挖掘对会计业务流程的优化

过程挖掘在会计信息系统中的应用主要体现在三个方面：一是通过日志文件挖掘业务执行轨迹，实现会计业务流程的持续优化；二是通过

---

①　注意到图 7-2 和图 7-3 的挖掘结果是不同的，但从行为角度分析，日志中的每一个执行轨迹都能在图 7-3 所示的 petri 网中实现，也就是说二者是等价的。

过程挖掘发现审计线索；三是对会计业务执行过程进行绩效评价，并根据评价结果优化内部控制流程。但在实际应用中，由于目前会计信息系统中的日志文件并未考虑过程挖掘的需求，因此需要对日志文件进行优化设计，并以此为基础消除噪音，利用消噪后的日志文件进行过程挖掘。

7.3.1　日志文件设计

1. 常见会计信息系统日志文件分析

目前，常见的会计信息系统日志文件如表7－3所示。

该日志文件记录了操作的执行时间、执行人、执行功能、状态和内容描述等信息，但从满足过程挖掘需求的角度分析，还存在以下不足：

（1）侧重于计算机操作的记录，忽略了操作记录所对应的任务或活动，同一项任务被散乱的记录在不同的操作记录上，无法通过对操作的追踪发现过程执行轨迹。

（2）没有对任务执行的时间进行记录，即记录同一项任务执行的开始时间和结束时间，无法通过对任务执行的效率进行监督。

（3）日志文件所载信息以对操作合法性检查为目的，侧重于操作人、操作时间、操作地点等信息的记录，无法反映任务执行的全貌。

2. 会计信息系统日志文件设计

对于会计信息系统而言，其日志文件应该记录过程执行的真实轨迹，包括流程、组织、资源、信息等方面的过程运行数据。按照过程的定义，过程是一组按照特定方式组织的任务集合，假定存在着一个任务集合 T，以及对应于任务集合 T 的活动集合 A，A 中的每个活动 a 都继承了任务 T 的所有属性，并与具体的任务 t 对应。任务 T 的属性包含两类①：基本属性和执行属性。基本属性是指任务执行过程中一般不发生改变的属性，如任务尺度（Size）和任务完成时间（Deadline）。任务尺度即任务大小，是在实例被执行时被赋值，是反映任务执行难度和复杂度的属性。例如，差旅费报销单上的金额信息，入库单上的数量信息。

---

① 曹大海等. 一种基于工作流日志的人力资源业绩评价模型 [J]. 计算机科学，2005 (32)：7.

表 7-3　目前会计信息系统日志文件实例片断①

日期/时间	用户名称	操作模块	状态	内容描述	IP 地址
2017-4-15	Administrator	K/3 主控台	操作记录	用户：administrator 退出 K/3 主控台	192.168.16.176
2017-4-16	Administrator	K/3 主控台	操作记录	用户：administrator 登录 K/3 主控台成功	192.168.14.204
2017-4-16	应付会计	K/3 主控台	操作记录	用户：应付会计退出 K/3 主控台	192.168.14.204
2017-4-16	应付会计	应付账系统——核销管理	完成	—	192.168.14.204
2017-4-16	应付会计	应付账系统——核销管理	开始	—	192.168.14.204
2017-4-16	应付会计	应付账系统——审核管理	操作记录	付款单反审核成功——单据号码：00000064	192.168.14.204
2017-4-17	应付会计	应付账系统——审核管理	操作记录	付款单反审核成功——单据号码：00000062	192.168.14.204

① 该实例为金蝶 K/3 软件 11.0 版本导出的日志文件。

对于难以量化的复杂度和难度属性,则可采用聚类算法[①]转化为数量信息,如客户信誉度可以用客户赊账的时间划分为若干个等级。执行属性是指在任务执行过程中被动态赋值的属性,包括任务就绪时间(Ready Stamp)、任务开始时间(Begin Stamp)、结束时间(End Stamp)、执行人(Role)、涉及资源(Resource)等。

据此可以给出智能会计信息系统日志文件的基本格式,如表7-4所示。

7.3.2 噪音及其消除

设计完备的日志文件也会受到噪音的干扰。由于存在日志记录不完整、不正确、出现异常中断,以及极少出现的活动、异常活动、日志文件无法记录手工过程等原因,使得日志文件中存在一定量的噪音。因此,必须通过一定的算法消除上述噪音。

在实际工作中,往往难以判断活动 A 和活动 B 之间是否存在着直接因果关系($a \rightarrow_w b$)、并行关系($a \parallel_w b$)和无紧邻关系($a\#_w b$),例如,在大量的日志记录中活动 B 都紧跟着活动 A 出现,但一条错误记录 $b >_w a$ 将会干扰 α 算法的使用,因为 α 算法并未考虑活动出现的频次,在出现例外情况下,有可能认为活动 a 和活动 b 之间存在着并行关系。

因此,噪音消除的基本思想是对活动发生的频次进行分析,通过对活动发生频次的度量说明两个活动 a 和 b 之间是否存在着因果关系(用 $a \Rightarrow_w b$ 表示)。在挖掘工具 Little Thumb[②] 中,定义如下的公式度量 a 和 b 之间的因果关系:

$$a \Rightarrow_w b = (\frac{|a >_w b| - |b >_w a|}{|a >_w b| + |b >_w a| + 1})$$

---

① 聚类(Cluster)分析是由若干模式(Pattern)组成的,通常,模式是一个度量(Measurement)的向量,或者是多维空间中的一个点。聚类分析算法又称聚类算法,可以分为划分法(Partitioning Methods)、层次法(Hierarchical Methods)、基于密度的方法(Density - Based Methods)、基于网格的方法(Grid - Based Methods)、基于模型的方法(Model - Based Methods)等。

② A. J. M. N. Weijters and W. M. P. van der Aalst, Workflow Mining: Discovering Workflow Models from Event - Based data. Proceedings of the ECAI workshop on Knowledges Discovery and Spatial Data,2002:78 - 84.

表 7-4　智能会计信息系统日志文件格式

T	A	Size	Deadline	ready Stamp	begin Stamp	end Stamp	role	resource
t_1	a_1	5	2017-7-1 14:35	…	…	…	r_1	s_1
t_2	a_2	8	2017-7-3 15:38	…	…	…	r_2	s_2
t_3	a_3	6	2017-7-3 15:50	…	…	…	r_3	s_3
…	…	…	…	…	…	…	…	…
t_i	a_i	4	2017-7-9 12:30	…	…	…	r_i	s_i

其中 $|a>_w b|$ 表示活动 a 出现在活动 b 之前的次数，公式用活动 a 出现在活动 b 之前的次数减去活动 b 出现在活动 a 之前的次数除以二者之和加 1 确定 $a \Rightarrow_w b$ 的度量。例如，在一个只有 5 个实例的日志文件中，活动 a 后紧跟着出现活动 b，但没有相反情况出现，则 $a \Rightarrow_w b = 5/6 = 0.833$，不能确定 a、b 之间一定出现因果关系；但在 50 个实例的日志文件中，仍然是上述情况，则 $a \Rightarrow_w b = 50/51 = 0.98$，可以基本确定 a、b 之间存在着因果关系。

7.3.3 利用过程挖掘优化会计业务流程实例

本节通过对一个应用实例的分析，说明过程挖掘在会计流程优化中的作用。

仍然沿用表 7-1 所给出的日志文件，首先通过消噪公式对日志文件进行处理，可以得到如表 7-5 的计算结果。

表 7-5　　　　　　计算每两个活动间的频次计算表

$\Rightarrow_w$	A	B	C	D	E
A	0	0.909	0.9	0.5	0.909
B	0	0	0	0.909	0
C	0	0	0	0.9	0
D	-0.5	-0.909	-0.909	0	-0.909
E	0	0	0	0.909	0

由表 7-5 可知，对应于 A 行，B 和 E 都对应最大值 0.909，同时在 B 列和 E 列中进行观察，发现最大值对应的仍为 A，则可以断定 B 和 E 依赖于 A，它们具有直接的因果关系。同理可以推断 D 活动依赖于 B、C 或 E 发生，且没有活动依赖于 D，则可认为 D 为活动的结束。

如果将上述活动对应到现实中的流程实例，则更容易说明过程挖掘的作用，假定表 7-5 所给出的日志文件描述的是一个销售业务流程。A 代表销售订单录入、B 代表发货通知单录入、C 代表运输通知单、E 代表销售出库单、D 代表销售发票。在日志文件描述的轨迹集合中 W = {ABCD, ACBD, AED}，表示企业在销售过程中存在着两类业务流程，如图 7-4 所示。

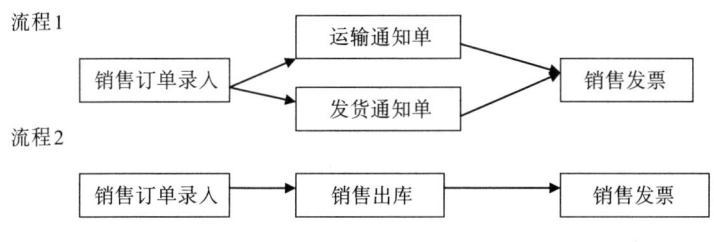

图 7–4 销售流程示意

流程 1 表示企业承担运输情况下的销售流程,流程 2 则表示不承担运输情况下的销售流程。在真实的企业中,可能会根据客户的重要程度来选择流程类型,也有可能根据售价来选择。在传统的会计信息系统中,必须通过明确的功能定义来满足该企业的业务流程,若企业选择流程类型的标准发生变化时,则无法做出相应调整。而在智能的会计信息系统中,上述问题可以迎刃而解。

7.4 小结

本章在给出了流程优化的迭代模型基础上,着重分析了流程优化的关键技术——过程挖掘。在会计信息系统中应用过程挖掘技术的前提是需要完备的日志文件,因此,本章设计了满足过程挖掘需求的日志文件格式和消噪策略,并通过实例说明过程挖掘在会计信息系统的应用。

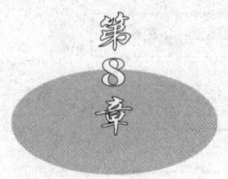

研究结论与展望

伴随着企业管理需求的变革和相关技术的成熟,智能化方法正逐渐从概念走向应用,相关的标准化组织和软件厂商正在进行积极的研究和探索,特别是近 10 年来,智能会计信息系统已成为活跃的研究领域之一。本书将这一方法引入会计信息系统,旨在丰富会计信息化的相关理论和方法,为构建智能化会计信息系统提供研究和应用基础,同时智能会计信息系统作为一个新兴领域,还有许多问题值得进一步研究和探讨。

8.1 研究结论

本书的研究结论主要有:

(1) 关于智能技术对会计的影响。本书认为与传统的信息技术相比,以大、智、移、云、物为代表的新一代 IT 技术给会计带来更为深远的影响。IT 技术对会计影响已经从简单的工具应用、时空扩展,延伸到行为模式的改变。这种改变是伴随着 BPM、信息技术基础架构和工作流管理技术的不断发展而成熟起来的,是伴随着智能技术、方法的应用而成熟起来的,同时也是社会信息化程度不断成熟的表现。

(2) 关于智能会计信息系统的逻辑模型。本书结合技术接受模型的思想，提出了智能会计信息系统的逻辑模型。认为该模型的优势在于通过感知适应性和感知灵活性识别企业业务流程风险，同时能采取相应的策略加以控制，并能提供流程执行过程的实时监控，从而在决策前置、风险识别、柔性响应、实时监控、自主学习方面具有应用优势。

（3）关于会计报告流程模型的构建。本书认为基于智能化会计报告流程的核心是实现根据用户需求由系统自动向其推送相关的会计信息，并将信息的加工权让渡给信息使用者和信息中介，形成包括信息供给者、信息使用者和信息中介在内的共享化、开放式会计信息平台。而实现这一目标的技术关键是提供业务基础的数据库、标准化的数据交换格式、提取会计数据的动态机制和用户需求识别技术。同时认为建立市场化的信息服务机制，通过信息使用者、信息中介和信息供给者之间的博弈是达到这一目的的制度保证。

（4）关于内部控制流程模型的构建。本书认为智能化的内部控制流程的核心是对过程风险的识别和度量。借助于智能信息系统的逻辑模型，可以从感知适应性和感知灵活性两个维度对过程风险进行分析和度量，并给出了度量的数学模型。同时，通过实时全程的过程监控，可以及时掌控过程执行的相关信息，并以此作为过程优化和规则自动优化的基础。

（5）关于会计决策流程模型的构建。本书认为智能化技术的应用将大大提高会计决策的科学性、动态性和复杂性。会计信息系统将更多地借助于人工智能、大数据等方法实现对企业决策的支持。会计决策流程也将更贴近于用户需求，通过友好的人机交互实现决策问题的识别，并借助于模型、方法、数据，基于强大的计算能力和分布式协同能力完成决策支持。

（6）关于会计协同流程模型的构建。本书认为会计协同流程的核心是实现协同方式从单一的数据协同向多层次的业务、流程、服务和数据协同转变，并借助于SOA、Web service等相关技术实现不同层次的互操作，以达到提高协同效率的目的。同时，会计报告流程、内部控制流程本身也是一个协同过程。

（7）关于会计信息系统的优化问题。本书认为智能会计信息系统的优化是一个迭代过程，并构建了过程优化的迭代模型。会计信息系统中通过流程监控获得的大量执行记录和日志信息是开展过程挖掘的必要条件，采用 α 算法可以方便地实现对潜在流程的识别和优化，以达到最佳企业实践，实现系统的自主学习和自适应。

8.2 研究展望

智能会计信息系统的构建从目前的研究和应用情况看，还存在以下问题亟须进行深入的研究和探讨：

（1）智能会计信息系统的标准化问题。智能会计信息系统的运行目标在于资源调配和协同，但实现这一目标的前提是可供调用的资源或数据基于统一的标准。随着大量智能信息系统的涌现和辅助开发工具的推广应用，系统之间交互和协同的接口呈几何级数增长，推动标准化研究迫在眉睫。一些国际组织也在积极推进会计信息系统标准化建设。例如，XBRL 国际组织（XBRL International）是由全球 600 多家大型跨国公司、行业协会和政府机构组成的非营利组织，成立于 2000 年 4 月。该组织的目标是在全球推进 XBRL 应用。其最重要的职能是制定国际通用的 XBRL 技术规范。为顺应信息技术发展趋势和贯彻实施国家信息化战略的需要，2008 年 11 月 12 日，财政部会同工业和信息化部、中国人民银行、审计署、国资委、国家税务总局、银监会、证监会、保监会等共同成立了会计信息化委员会暨 XBRL（可扩展商业报告语言）中国地区组织，旨在为推进我国会计信息化建设提供组织保障、协调机制和智力支持。

近年来，关于会计信息系统标准化的研究范围也在不断扩展，刘梅玲、杨周南（2016）提出了完整的会计信息化标准体系构建的理论框架和方法学，认为标准化是会计信息化发展的基础，并建议从理论体系、方法体系、应用体系、实施体系、社会和行业管理体系等五个方面构建会计标准化体系，这一概念的提出将会计标准化的研究从数据接口和转换层面扩展到会计信息化应用的各个层面，为标准化研究和体系构建奠定了基础。

（2）以"决策—控制"为主线的智能会计信息化控制系统的建立。

会计的基本职能是"反映"和"监督",目前的会计信息系统主要围绕着会计的反映过程构建,而忽略了会计信息系统应具有的"监督"职能。智能化方法的引入使会计信息系统的成本约束条件得以松动,借助于过程监控工具和优化机制,实现对内部控制过程的持续监督。同时,系统具备的对环境和业务执行过程的感知能力,可以有效识别影响企业风险的关键因素,为支持风险导向内部控制的实施提供技术保障。

同时,随着智能技术的大量使用,系统对决策的支持能力不断增强,并可以进一步形成"决策—控制"为主线的智能会计信息系统,彻底摆脱目前会计信息系统围绕信息加工、存储、披露进行建设和开发的基本方式,真正实现会计向管理活动的回归。

(3)支持社会化会计信息平台的构建。会计信息的产生虽然来自于企业内部,而生成的会计信息却具有公共属性,特别是对于现代企业而言更是如此。近年来,业界一直希望借助于信息技术实现公共会计信息平台的构建。目前国内开展的基于 XBRL 的会计信息标准化研究的目标之一也是要解决"数出一门"的问题。但是,显然 XBRL 解决的是数据交换和共享过程中的格式和语义一致性问题,并没有很好地解决公共会计信息平台的运行机制问题,即:会计信息由谁发布、怎样发布、发布给谁、由谁鉴证问题。智能信息系统的出现为解决这一问题提供了方法学上的参考,智能会计信息系统可以进一步扩大企业与其相关利益者的协同范围,在网络技术的支持下,构建社群协同机制,从而为构建公共会计信息平台奠定基础。同时,以区块链为代表的新一代技术的应用,可以有效地帮助会计信息走出会计主体的局限,实现跨主体的协同应用和管理,从而为会计信息社会化开辟新的发展路径。

综上所述,我们并不能片面夸大一类方法或一项技术的作用,智能化的方法并不是构建未来会计信息系统的唯一方法,但由于其在过程柔性化、流程控制和流程协同、科学决策方面出色的表现,可以弥补当前会计信息系统的不足,符合未来信息系统发展的趋势,因此,智能化会计信息系统将得到广泛关注,其研究和应用方兴未艾。

参考文献

[1] A. W. Holt, Coordination Technology and Petri Nets, Advance in Petri Nets, 1985.

[2] A. J. M. N. Weijters and W. M. P. van der Aalst, Workflow Mining: Discovering Workflow Models from Event – Based data. Proceedings of the ECAI workshop on Knowledges Discovery and Spatial Data, 78 – 84, 2002.

[3] Bergholtz M, Jayaweera P, Johannesson P, et al. Reconciling Physical, Communicative, and Social/Institutional Domains in Agent Oriented Information Systems – A Unified Framework [J]. Lecture Notes in Computer Science. 2003 (2814): 180 – 194.

[4] Butterworth JE. The Accounting System as an Information Function [J]. Journal of Accounting Research, 1972, 10 (1): 1 – 27.

[5] C. A. Ellis, information Control Nets, A Mathematical Model of Office Information Flow, In Proceedings of the Conference on Simulation, Measurement and Modeling of Computer System, 1979, ACM press.

[6] Casati F., Grefen P., Pemiei B. et al. WIDE: workflow model and architecture. Technical Report, University of Twente, 1996 (8): 22 – 56.

[7] Cherrington JO, McCarthy WE, Andros DP, et al. Event – drived business solutions: implementation experience and issues [R]. Proceedings of the Fourteenth International Conferrence on Information Systems, Orlando, FL, 1993.

[8] Colantoni CS, Manes RP, Whinston AB. A Unified Approach to

the Theory of Accounting and Information Systems [J]. Accounting Review, 1971, 46 (1): 90 – 103.

[9] D. GeorgakoPoulos, M. Homiek, A. Sheth, An overview of workflow Management: From Process Modeling to Workflow Automation Infrastructure, International Journal on Distributed and Parallel Database, 1995, (3): 119 – 153.

[10] David JS. An empirical analysis of REA accounting systems, productivity, and perceptions of competitive advantage [R]. Working paper, Arizona State University, 1995.

[11] Davis FD. Perceived Usefulness, Perceived Ease – of – Use, and User Acceptance of Information Technology [J]. MIS Quarterly, 1989, 13 (3): 319 – 340.

[12] Davulcu H., Kifer M., Ramakrishnan C., et al. Logic bashed modeling and analysis of workflows. In: Proceedings of the ACM Symposium in PODS, 98, Seattle, USA, 1998 (3): 25 – 33.

[13] Denna EL, Jasperson J, Fong K, et al. Modeling conversion process events [J]. Journal of Information Systems. 1994, Spring: 43 – 54.

[14] Deremer F. Kron HH, Programming – in – the – large versus programming – in – the – small, IEEE Trans. On software Engineering, 1976.

[15] Ellegaard BS, Winther J, Linvald B, et al. A Model Driven Architecture for REA based systems [C]. Proceedings of the Workshop on Model – Driven Architecture: Foundations and Applications. CTIT Technical Report TR – CTIT – 03 – 27, University of Twente, 2003.

[16] Ellis C. A., Nutt G. J. Modeling and enactment of workflow systems. In: Marsan Aed Application and Theory of Petri Nets. Lecture Notes in Computer Science, 1993 (3): 16.

[17] Geerts GL, McCarthy WE. An accounting object infrastructure for knowledge – based enterprise models [J]. IEEE Expert Intelligent Systems and Their Applications, 1999, 14 (3): 89 – 95.

[18] Geerts GL, McCarthy WE. An ontological analysis of the economic primitives of the extended – REA enterprise information architecture [J].

International Journal of Accounting Information Systems, 2002, 3 (1): 1 - 16.

[19] Geerts GL, McCarthy WE. Augmented Intensional Reasoning in Knowledge - Based Accounting Systems [J]. Journal of Information Systems. 2000, 14 (2): 127 - 150.

[20] Geerts GL, McCarthy WE. Modeling Business Enterprises as Value - Added Process Hierarchies with Resource - Event - Agent Object Templates [M] // Sutherland J, Patel D. Business Object Design and Implementation, Springer - Verlag, 1997: 94 - 113.

[21] Geerts GL, McCarthy WE. The ontological foundation of REA enterprise information systems [R]. Paper presented to the American Accounting Association Conference, Philadelphia, 2000.

[22] Geerts GL, McCarthy WE. The ontological foundation of REA enterprise information systems [R]. Working Paper, The University of Delaware, Newark, 2005.

[23] Geerts GL, McCarthy WE. Using object templates from the REA accounting model to engineer business processes and tasks [J]. Review of Business Information Systems, 2001: 89 - 108.

[24] Gemino A, Wand Y. A framework for empirical evaluation of conceptual modeling techniques [J]. Requirements Engineering, 2004, 9 (4): 248 - 260.

[25] Gemino A, Wand Y. Evaluating modeling techniques based on models of learning [J]. Communications of the ACM. 2003, 46 (10): 79 - 84.

[26] Geppert A., Tombros D., Dittrieh K. R. Defining the semantics of reactive components in event driven workflow execution with event histories. Information Systems, 1998, 23 (34): 235 - 252.

[27] Goetz BE. What's wrong with accounting [J]. Advanced Management, 1939, Fall: 151 - 157.

[28] Grabski SV, Marsh RJ. Integrating accounting and manufacturing information systems: An ABC and REA - based approach [J]. Journal of

Information Systems. 1994, Fall: 61-80.

[29] Gupta. Y. Petal, Flexibility of manufacturing system: Concept and Measurements, European Journal of Operation Research, 1989, 43 (2): 119-135.

[30] H Kilov, J Ross. Information modeling: an object - oriented approach [M]. Prentice - Hall, Englewood Cliffs, N. J., 1994.

[31] H S Nwana. Software Agent: An Overview, Knowledge Engineering Review, 1997, 58 (2): 205-245.

[32] Haseman WD, Whinston AB. Design of a Multidimensional Accounting System [J]. Accounting Review, 1976, 51 (1): 65-79.

[33] Haseman WD, Whinston AB. Introduction to Data Management [M]. Richard D: Irwin, 1977.

[34] Dennis G. Uyemura、Charles C. Kantor、Justin M. Pettit, Eva For Bandks: Value Creation, Risk Management, And Profitability Measurement, Journal of Applied Corporate Finance, Vol 9, Issue 2, pe1996: 94-109.

[35] IBM, BEA Systems, Microsoft, SAPAG, Siebel Systems: Business Process Execution Language for Web Services version 1.1 [EB/OL].

[36] International REA Technology Workshop. [EB/OL]. (2004-04-22). http: //www. itu. dk/people /kasper /REA2004.

[37] Jacques Ferber. Multi - Agent System - An Introduction to distributed artificial intelligence, Addison Wesley Longmnn, 1999.

[38] Johnson O. Toward an "Events" Theory of Accounting [J]. Accounting Review, 1970, 45 (4): 641-654.

[39] Kaplan. R: Yesterday's accounting undermines production, Harvard Business Review, 1991, 1-2.

[40] Knutilla A., Schlenoff C., RayS et al. Process Specification language: analysis of existing representations. Technical Report, NISTIR, Gaithersburg, MD: National Institute of Standards and Technology, 1998: 12-29.

[41] Lawrence R. Data Expansion and Conceptual Structure [J].

Accounting Review, 1970, 45 (4): 704 - 711.

[42] Leymann F., A. Itenhuber W. Managing business processes as an Information resouree. IBM Systems Journal, 1994, 33 (2): 326 - 348.

[43] Lieberman AZ, Whinston AB. A Structuring of an Events - Accounting Information System [J]. Accounting Review, 1975, 50 (2): 246 - 258.

[44] M. Hammer and J. Champy, Reengineering the Corporation: A Manifesto for Business Revolution, Nicolas Brealey Publishing, london, 1993.

[45] M. Hammer, Reengineering Work: Don't automate, Obliterate, Harvard Business Review, 1990, 7.

[46] Marlon Dumas, Wil van der Aalst, Arthur H. M. ter Hofstede. 智能的信息系统 [M]. 王建民, 闻立杰, 等译. 北京: 清华大学出版社. 2009.

[47] McCarthy WE. The REA accounting model: a generalized framework for accounting systems in a shared data environment [J]. Accounting Review, 1982, 57 (3): 554 - 578.

[48] Moody DL. Sindre G, Brasethvik T, et al. Evaluating the Quality of Information Models: Empirical Testing of a Conceptual Model Quality Framework [C]. Proceedings of the 25th International Conference on Software Engineering (ICSE'03), IEEE Computer Society. 2003: 295 - 305.

[49] Mylopoulos J. Conceptual modeling and telos [M] // Loucopoulos P, Zicari R. Conceptual modeling, databases, and case: an integrated view of information systems development. Wiley, New York, 1992: 49 - 68.

[50] N. Brand and H. van der Kolk. Workflow Analysis and Design. Kluwer, 1995.

[51] Robert S Kaplan. 相关性的缺失: 管理会计兴衰史 [M]. 北京: 清华大学出版社, 2004.

[52] Rockwell SR, McCarthy WE. REACH: Automated Database Design Integrating First - Order Theories, Reconstructive Expertise, and Imple-

mentation Heuristics for Accounting Information Systems [J]. International Journal of Intelligent Systems in Accounting, Management, and Finance, 1999: 321 - 328.

[53] Schonenberg MH, Mans RS, Russell NC, Mulyar NA: Toward a taxonomy of Process flexibility [C]. Forum at the Caise 08 Conference. 2007.

[54] Sorter GH. An "Events" Approach to Basic Accounting Theory [J]. Accounting Review, 1969, 44 (1): 12 - 20.

[55] Specification. WFMC - TC - 1012, 1999.

[56] T. H. davenport, Process innovation: Reengineering Work through Information Technology, Harvard Business School Press, Boston, 1992.

[57] VaI Dyke Parunak H. Agent - Based Modeling VS. Equation - Based Modeling: A Case Study and Users' Guide. Proceedings of First International Workshop, MABS' 98, Paris, France, 1998 (7): 4 - 6.

[58] W. M. P. van der Aalst, B. F. van Dongen 等, Workflow Mining: A Survey of Issues and Approacher. Date and Knowledge Engineering, 2003: 47 (2): 237 - 267.

[59] Wagner G. Agent—Oriented Analysis and Design of Organizational Information Systems. In pPro. Of Fourth IEEE International Baltic WorkShop on Databases and Information Systems, Vilnius (Lithuania), May, 2000.

[60] Wand Y, Weber R. An ontological analysis of some fundamental information system concepts [C]. Proceedings of the Ninth International Conference on Information Systems, Minneapolis, Minnesota, USA, 1988.

[61] Wand Y, Weber R. An ontological model of an information system [J]. IEEE Transactions on Software Engineering, 1990, 16 (11): 1282 - 1292.

[62] Wand Y, Weber R. On the Ontological Expressiveness of Information Systems Analysis and Design Grammarism [J]. Journal of Information Systems. 1993 (3): 217 - 237.

[63] Wand Y, Weber R. Research Commentary: Information Systems

and Conceptual Modeling—A Research Agenda. Information Systems Research, 2002, 13 (4): 363 – 376.

[64] Westland CJ. Reporting strategies for "events" accounting [J]. Journal of Information Systems, 1992, 6 (1): 32 – 47.

[65] Wil van der Aalst, Kees van Hee. 工作流管理模型、方法和系统 [M]. 王建民, 闻立杰, 等译. 北京: 清华大学出版社, 2004.

[66] Workflow Management Coalition Interface 1: Process Definition Interchange Process Model. WIMC – TC – 1016 – P, 1999.

[67] Workflow Management Coalition Standard. Workflow Process Definition Interface – XML Process Definition Language [J]. Document Number WFMC – TC – 1025 Document Status – 1.0, Oetober25, 2002.

[68] Workflow Management Coalition: Terminology & Glaossary, Document Number WFMC – TC – 1011, Document Status – Issue 3.0, FEB 99, 1999.

[69] Bob Ryan, Robert. W. Scapens, Michael Theobald. 财务与会计研究方法与方法论 [M]. 阎达五, 戴德明, 何光涛, 等译. 北京: 机械工业出版社, 2004.

[70] 阿妮塔·S. 霍兰德, 埃里克·L. 德纳, J. 欧文·彻林顿. 现代会计信息系统 (第2版) [M]. 杨周南, 赵纳晖, 陈翔, 等译. 北京: 经济科学出版社, 1999.

[71] 蔡斌, 赵明剑, 黄丽华. 业务流程管理 (BPM) 技术演进及新动态 [J]. 会计导报, 2004 (11).

[72] 曹大海, 王建民, 闻立杰. 一种基于工作流日志的人力资源业绩评价模型 [J]. 计算机科学 (增刊), 2005 (32).

[73] 曹大海. 一种基于工作流日志的人力资源业绩评价模型 [J]. 计算机科学, 2005, 32 (7).

[74] 曾广容. 系统论控制论信息论与哲学 [M]. 长沙: 中南工业大学出版社, 1988.

[75] 曾庆田. 过程挖掘的研究现状与问题综述 [J]. 系统仿真学报, 2007, 19 (8).

[76] 查海平, 王建民, 闻立杰. 一种Petri网模型完备日志生成算

法[J].系统仿真学报(增刊),2007,19.

[77] 程国平.ERP系统乃应用的柔性化研究[D].武汉理工大学,2007.

[78] 代辉.浅议业务流程再造理论在企业财务管理中的应用[J].财会通信,2010(1).

[79] 戴玮炜.企业外部价值链会计实时控制机理研究[C].中国会计学会2007年学术年会论文集,2007.

[80] 单国慧,邓伟群,华一新等.IMPWPT运动目标时空索引的设计与实现[J].测绘科学,2011(3).

[81] 董超,王建民,闻立杰.工作流管理系统监控粒度划分机制研究[J].计算机应用研究,2006(4).

[82] 董成亮.支持企业流程改进的可重构ERP研究与应用[D].武汉理工大学,2008.

[83] 董兴泰.论元数据发展中存在的问题及对策[J].高校图书情报论坛,2004(1).

[84] 龚强.网格编程模型及其地理空间信息网格技术研究综述[J].测绘科学,2011(2).

[85] 官国通.制造企业业务流程评价研究[D].暨南大学,2006.

[86] 郭爱军.企业管理与会计信息系统[J].河北能源职业技术学院学报,2007(4).

[87] 郭齐胜,董志明,李亮等.系统建模与仿真[M].北京:国防工业出版社,2007.

[88] 胡仁显,孙士英,褚彦淑.会计信息化标准体系的演变过程及发展趋势[C].中国会计学会2008年年会论文集.湖北,2008.

[89] 黄健斌,孙鹤立,BORTNER Du等.从链接密度遍历序列中挖掘网络社团的层次结构[J].软件学报,2011,22(5).

[90] 黄微平.关于会计信息系统模式的若干思考[J].中国管理信化,2005(6).

[91] 黄锡远.试析我国会计信息化进程[J].财会月刊,2008(8).

[92] 蒋楠. 后萨班斯时代的信息安全治理问题研究——以 ERP 系统为例 [C]. 中国会计学会 2010 年年会论文集, 2010.

[93] 蒋楠. 基于财务会计概念框架的会计信息系统重构研究 [D]. 厦门大学, 2008.

[94] 金蝶官方网站, http://www.kingdee.com.

[95] 井辉. 流程管理思想的演进发展历程探析 [J]. 商丘职业技术学院学报. 2009, 8 (6).

[96] 柯飞帆. 面向分布应用的工作流管理系统研究与实现 [D]. 南京航空航天大学, 2006.

[97] 科斯. 企业的本质 [J]. Economic 1937. (11), Volumeu, Issue16, 386–405.

[98] 李燕, 冯玉强. 工作流挖掘：一种新型工作流自动化建模方法 [J]. 计算机工程, 2007, 33 (2).

[99] 李爱民. 业务流程再造理论研究综述与展望 [J]. 现代管理科学, 2006 (8).

[100] 李端生, 续慧泓. 论网络环境下的会计报告模式 [J]. 会计研究, 2004 (1).

[101] 李红臣, 史美林. 工作流模型及其形式化描述 [J]. 计算机学报, 2003, 26 (11).

[102] 李嘉非. 基于工作流的业务过程管理关键技术研究 [D]. 吉林大学, 2007.

[103] 李文. 基于供应链理论下泛会计信息系统研究 [D]. 东南大学, 2004.

[104] 李小白, 陈攸跻, 张赛红. 工作流挖掘技术研究综述 [J]. 电脑知识与技术, 2009, 5 (6).

[105] 李绪蓉. 面向业务构件的可重构信息系统的模型研究 [D]. 南京航空航天大学, 2002.

[106] 李忠. 电子公文系统中工作流的设计与实现 [J]. 潍坊学院学报, 2004 (2).

[107] 梁艳, 王新房, 胡先智. 工作流模型挖掘中改进的 α 算法 [J]. 计算机工程与设计, 2009, 30 (9).

[108] 林峰. 金蝶 BOS 企业架构之中国最佳实践 [M]. 北京: 机械工业出版社, 2008.

[109] 林雄伟. 信息化环境下基于事件的会计信息系统 [D]. 福州大学, 2003.

[110] 刘建成, 陈喜崇. 信息论与信源编码理论及应用 [M]. 北京: 北京邮电大学出版社, 2009.

[111] 刘庆, 刘英博, 王建民. 基于工作流日志的层次化角色挖掘 [J]. 计算机科学, 2007, 34 (10).

[112] 刘忠玉, 杨莉. 21 世纪会计信息系统的构想 [J]. 哈尔滨商业大学学报 (自然科学版), 2004 (6).

[113] 娄权. 价值法与事项法比较分析 [J]. 四川会计, 2000 (12).

[114] 罗莉. 投资者关系视角下的会计信息系统研究 [D]. 西南财经大学, 2008.

[115] 吕云翔, 王昕鹏. 软件工程 [M], 北京: 人民邮电出版社, 2009.

[116] 马垣, 张学东, 迟呈英. 紧致依赖与内涵亏值 [J]. 软件学报, 2011, 22 (5).

[117] 美国财务会计准则委员会. 财务会计概念公告, 1978.

[118] 牛艳芳. 论会计信息系统的研究方法 [J]. 中国管理信息化, 2009 (7).

[119] 潘宪生, 张明宝. 企业业务流程重组 [M]. 北京: 科学出版社, 2004.

[120] 史丰源, 宋东升. 会计目标与会计信息系统的互动 [J]. 和田师范专科学校学报, 2006 (5).

[121] 宋巍, 马晓星, 胡昊, 等. 智能信息系统中过程的动态演化 [J]. 软件学报, 2010 (12).

[122] 宋献中, 谭小平. 事项会计与传统财务会计的比较分析 [J]. 现代商贸工业, 2009 (16).

[123] 孙凡, 胡秋灵. "事项法"会计信息过载问题研究 [J]. 山西财经大学学报, 2006, 28 (4).

［124］汤四新．现代会计信息系统获取/支付能力成熟度模型研究［J］．财会通讯，2004（12）．

［125］唐祖锴，彭智勇，任毅等．一种动态角色模型及其实现机制［J］．软件学报，2011（6）．

［126］陶黎娟．IT环境下我国财务报告内部控制研究［D］．厦门大学，2009．

［127］陶亚雄，王坚，凌卫青．基于流程知识的BPM系统监控技术研究［J］．计算机科学，2007，34（5）．

［128］万百五，韩崇昭，蔡远利．控制论概念、方法与应用［M］．北京：清华大学出版社，2009．

［129］万丽，秦军，沈奔．PAIS中过程挖掘技术的研究［J］．计算机技术与发展，2010，20（12）．

［130］王凡林，李河君．基于ERP流程管理的IT治理初探［J］．会计之友（中旬刊），2009（8）．

［131］王刚．对会计信息系统开发的探讨［J］．河北金融，2004（11）．

［132］王海涛．从事件日志中挖掘工作流模型：结构化挖掘方法研究［D］．山东大学，2006．

［133］王强．ERP环境下企业内部控制问题研究［D］．东北财经大学，2006．

［134］王世定．"管理活动论"的哲学基础［J］．中会计研究，1993（4）．

［135］王世定．IT环境下会计系统重构：一种融合理论和模型构建，会计研究，2004，（9）．

［136］王瑛芳．基于XBRL的会计信息质量研究［J］．中国会计学会2010年年会论文集，2010．

［137］文陵江．基于ERP的会计实时控制研究［D］．对外经济贸易大学，2006．

［138］吴胜斌，杨邦荣．工作流技术在办公自动化系统中的应用研究［J］．电脑与信息技术，2008（3）．

［139］吴忠辉，王建民．基于BPM的税务信息资源整合研究

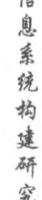

[J]．微计算机信息，2006，22（12）．

[140] 肖文峰．通用表单工作流管理系统的设计 [J]．计算机时代，2005（6）．

[141] 肖泽忠．大规模按需报告的公司财务报告模式．会计研究，2000（1）．

[142] 肖泽忠．论互联网条件下的按需报告模式 [J]．财务与会计，2004，7（1）．

[143] 徐江．企业会计信息系统内部控制的方法与建议 [J]．当代经理人，2006，（12）．

[144] 许家珆，白忠建，吴磊．软件工程理论与实践 [M]．北京：高等教育出版社，2009．

[145] 许镇松．浅谈企业内部控制评价标准体系 [J]．沿海企业与科技，2006（3）．

[146] 薛云奎．网络时代的财务与会计：管理集成与会计频道 [J]．会计研究，1999．

[147] 阎达五．价值链会计研究：回顾与展望 [J]．会计研究，2004（2）．

[148] 杨宝琴．浅议我国的内部控制评价 [J]．平原大学学报，2005（2）．

[149] 杨春，王旻君．构建财务报告模式的适用性探讨——事项法与价值法的比较 [J]．科技信息，2007（20）．

[150] 杨雄胜．内部控制理论研究新视野 [J]．会计研究，2005（7）．

[151] 杨莹，刘献忠．基于工作流技术的OA系统模型研究 [J]．电脑与信息技术，2003（3）．

[152] 杨周南．计算机处理环境对会计理论与实务的影响及对策研究 [M]．北京：中国财政经济出版社，2002．

[153] 用友官方网站，https：//www.uyonyou.com．

[154] 于玉林．内部控制相关概念的探讨 [C]．"企业内部控制与风险管理论坛"论文集，2008．

[155] 于玉林．现代会计理论 [M]．北京：经济科学出版社，

2004.

［156］余瑾．基于 COBIT 和 SOX 合规的 IT 控制研究［D］．天津财经大学，2006.

［157］俞东慧，黄丽华，方针．企业变革管理模型框架及其实证研究［J］．系统工程理论方法应用，2004，13（2）．

［158］俞东慧．企业流程变革管理影响因素及其动态机制研究［D］．复旦大学，2004.

［159］袁根根．ERP 系统下的交互式按需报告［C］．中国会计学会 2006 年年会论文集，2006.

［160］张蕾．IT 环境下基于风险管理的企业内部控制研究［D］．天津财经大学，2007.

［161］张顺兰．浅谈会计信息系统的作用和开发方向［J］．当代经理人，2006（7）．

［162］张文贤．会计理论创新［M］．北京：中国财政经济出版社，2002.

［163］张一江．煤炭运销工作流管理系统的设计与实现［D］．复旦大学，2008.

［164］张永雄．构建现代会计信息系统的理论探讨［J］．财会月刊，2006，（10）．

［165］张瑞君．网络环境下会计实时控制［M］．北京．中国人民大学出版社，2004.

［166］赵东方，张莉．基于执行的内部控制评价体系构建之探讨［J］．中国注册会计师，2005（4）．

［167］赵祥涛．浅析会计信息系统的内部控制［J］．中国管理信息化（综合版），2005（12）．

［168］郑人杰，马素霞，殷人昆．软件工程概论［M］．北京：机械工业出版社，2010.

［169］中华人民共和国财政部．企业内部控制基本规范［Z］．2008.

［170］朱振杰．SOA 的关键技术的研究与应用实现［D］．电子科技大学，2006.

[171] 秦荣生. 大数据、云计算技术对审计的影响研究 [J]. 审计研究, 2014 (6).

[172] Aleksandre Asatiani; Uday Apte; Esko Penttinen. Impact of accounting process characteristics on accounting outsourcing – Comparison of users and non – users of cloud – based accounting information systems. International Journal of Accounting Information Systems. 2019 – 09 Elsevier – journal.

[173] David Kocsis. A conceptual foundation of design and implementation research in accounting information systems. International Journal of Accounting Information Systems. 2019 – 09 Elsevier – journal.

[174] 王满, 黄波. 信息化时代的管理会计: 现状·挑战·趋势 [J]. 商业会计, 2017 (4).

[175] 吴龙庭, 肖聪. 基于自然语言的会计事项智能判断方法研究 [J]. 财会通讯, 2017 (3).

[176] 陈少兰, 田千喜. 基于大数据技术的会计信息质量管理 [J]. 中国注册会计师, 2019 (8).

[177] 王海林. 基于融合视角的企业会计信息化思考 [J]. 会计之友, 2017 (11).

[178] 郝玉贵, 李思雨. 大数据下财务与会计研究: 主题与展望——基于 2012 – 2016 年中国知网核心期刊的初步证据 [J]. 财会研究, 2016 (12).

[179] 潘孝珍, 燕洪国. 基于 XBRL 应用的会计信息化人才培养模式研究 [J]. 生产力研究, 2016 (10).

[180] 续慧泓, 杨周南. 基于 XBRL 的财政信息透明度改进研究 [J]. 财政研究, 2015 (9).

后　记

　　会计的发展离不开信息化，这已经成为目前会计理论和实务界的共同认识，但信息化究竟给会计带来了怎样的影响，会计信息化未来的发展方向在哪里，则一直是争论的话题。但显然，信息技术的发展和在实践中的大量成功应用，已经将一些无谓的争论狠狠地甩在后面，智能技术已经大量地渗透到企业管理和社会经济运行的各个层面，而会计一贯秉承了谨慎或是保守的风格，对此反应总是略显迟钝。本书以智能会计信息系统的构建为主体进行研究，并没有将过多的笔墨集中于技术本身，而是关注到会计自身的流程，通过对智能化环境下会计流程的改变来探索构建智能会计信息系统的途径和方法。

　　本书是在我的博士论文的基础上修改完善而成，感谢我的导师杨周南教授一直以来对我的悉心指导，并对本书的撰写和修改提出了很多宝贵的意见。感谢在我的身边有一群同样热心于会计信息化研究和应用的学者、专家、企业管理者，和他们在一起使我学到了很多。对于本书，实际上还是有许多遗憾的，有很多问题还需要更深入、更系统的研究，智能技术的发展日新月异，信息化环境瞬息万变，与其在这种变化中困顿迷茫，不如行动起来，成为这一浪潮中的参与者，这也让我们倍感压力，更觉得学无止境。

　　在本书付梓之际，感谢所有关心和支持我的老师、同事、朋友们，感谢为本书出版付出辛勤工作的编辑。由于水平有限，书中难免有不当之处，恳请读者批评指正！

续慧泓

2019 年 10 月